I0117109

GÉNÉALOGIE

DE LA FAMILLE

BOMMART

DE DOUAI

———

SUPPLÉMENT

A L'ÉDITION DE 1878

IMPRIMÉ PAR L. DANEL, A LILLE

—

1893

GÉNÉALOGIE

DE LA FAMILLE

BOMMART

DE DOUAI

GÉNÉALOGIE

DE LA FAMILLE

BOMMART

DE DOUAI

SUPPLÉMENT

A L'ÉDITION DE 1878

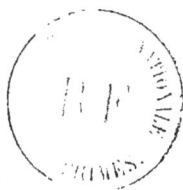

IMPRIMÉ PAR L. DANEL, A LILLE

—

1893

NOTA.

Le numéro porté, en marge de chaque page, dans le haut à gauche, renvoie à la page correspondante de la généalogie Bommart, parue en 1878.

AVANT-PROPOS.

Depuis que j'ai fait paraître, en 1878, la Généalogie de la famille Bommart, j'ai continué mes recherches sur ses origines et ses phases diverses, et recueilli de nombreux renseignements pour la compléter.

Je crois qu'il me serait assez difficile, maintenant, de trouver de nouveaux documents, et, dans cette situation, le moment me paraît venu, de soumettre à ma famille le résultat de mon travail; c'est là l'objet du supplément généalogique que je me fais un plaisir de lui offrir.

La famille Bommart de Douai se résume actuellement en quatre branches :

 I. BOMMART, *Étienne.*

 II. BOMMART, *Raymond,* marié à *Gentil,* Sabine.

 III. BOMMART, *André,* marié à *Biard,* Gabrielle.

 IV. BOMMART, *Georges,* marié à *Hannotin,* Hélène.

Nous comptons que leurs descendants porteront, avec honneur, notre nom, bien loin dans l'avenir.

       T. BOMMART.

Mai 1893.

RÉSUMÉ GÉNÉALOGIQUE

Afin de faciliter l'étude de la longue descendance de nos ancêtres, donnée en détail dans la généalogie de 1878, j'en ai fait un résumé, pour ce qui concerne notre branche, depuis Bauduin Bommare, marié à Pasquine Van der Zickele, jusqu'à Philippe-Alexandre-Louis Bommart, marié à Marie-Anne-Brigitte Craisme, c'est-à-dire du XVe au XIXe siècle.

Bauduin Bommare, marié à Pasquine Van der Zickele, qui suit :

I. BOMMARE-VAN DER ZICKELE.

De ce mariage, un fils :

Guido, marié à Catherine Rufflaert, qui suit.

II. BOMMARE-RUFFLAERT.

De ce mariage, 3 enfants :

Charles, marié à Liévine de Lansaem.

Catherine, mariée à Gomar de Rikewart.

Pierre, marié à Léonore de Wintere, qui suit.

III. BOMMARE DE WINTERE.

De ce mariage, 7 enfants :

Jean.

Olivier, marié à Pétronille Maerts.

Alexis.

Charles, marié à Aleyde Sanders, qui suit.

Ursule, mariée en 1res noces à Lambert Van Langhe-
meersch et en 2mes noces à Thierry Van Axpoele.

Thérèse, mariée à Lancelot de Rantere.

Charlotte.

IV. BOMMARE-SANDERS.

De ce mariage, 8 enfants :

Isabelle.

Claire, mariée à Raimond Cocquillet.

Charles, marié en 1res noces à Marie Sonius, en
2mes noces à Marguerite Quesnoy, et en 3mes noces à
Avesoete Van Culsbroeck.

Evrard.

Olivier, marié à Jeanne Vanden Houtte.

Robert, marié à Marie Vande Walle, qui suit.

Pierre, marié à Catherine Thevelins.

Jean, marié en 1res noces à Marie Priens, et en 2mes
noces à Jeanne Van Caestre.

V. BOMMARE-VANDE WALLE.

De ce mariage 2 enfants :

Jean Bommare dit Bommart, marié à Jacqueline Willoqueau qui suit.

Hellin Bommare, marié à Marie Baelde.

VI. BOMMART-WILLOQUEAU.

De ce mariage, 10 enfants :

Nicolas, marié à Marie Capon, qui suit.

Simon-Jehan dit Colas Bommart, marié à Agnès Hellens.

Hector, marié à Catherine Van de Winkele.

Marguerite, mariée à Allard Fichel.

Barthélemy, marié à Barbe Planques.

Jacqueline, mariée à Nicolas de la Fontaine.

Alard, marié à Catherine Cuignié.

Anastasie, mariée à Jacques Dumortier.

Martin, marié à Avesoete Van Horrenbeck.

Nicolas, marié à Guillemette de Flines.

VII. BOMMART-CAPON.

De ce mariage, 2 enfants :

Jacques, marié à Marie Cousart.

Nicolas, marié à Jacqueline Vilain, qui suit.

VIII. BOMMART-VILAIN.

De ce mariage, 9 enfants :

Catherine-Thérèse, mariée à Leloir, Antoine.

Antoine, marié à Commelin, Marguerite.

Nicolas, marié à Trigault, Bauduine, qui suit.

Dominique-Robert.

Laurent.

Marie.

Jean-Baudry.

Marguerite-Charlotte, mariée à Théret, Philippe-Charles.

Marie-Magdeleine.

IX. — BOMMART-TRIGAULT.

De ce mariage 9 enfants :

Marie-Anne.

Jacques.

Honorine.

Elisabeth-Paule.

Jacques-François, marié à Clicquet, Anne, qui suit.

Ambroise-Dominique, marié à Pecqueur, Marie-Jacqueline.

André-Nicolas.

Amé-François.

Nicolas-Claude, marié à Warocquier, Marie-Ga-
brielle.

X. — BOMMART-CLICQUET.

De ce mariage, 6 enfants :

Marie-Bauduine, mariée à Flavigny, Jacques-François.

Jacques-François.

Anne-Marie.

Mathias, marié en 1res noces à Malherbe Marie-Angélique, et en 2mes noces à Blauwart, Elisabeth, qui suit.

Philippe-François, marié en 1res noces à Desgrousillers, Marguerite-Françoise, et en 2mes noces à Obron,
Jeanne.

Nicolas-Joseph.

XI. — BOMMART-MALHERBE

De ce mariage 5 enfants.

Angélique-Jacqueline.

Philippe-Joseph, marié à Delacroix, Marie-Louise,
qui suit.

Marie-Anne-Angélique.

Anne-Marie-Joseph.

Marie-Joseph.

XII. — BOMMART-DELACROIX.

De ce mariage, 2 enfants :

Charles-Séraphin.

Philippe-Alexandre-Louis, marié à Craisme, Marie-Anne-Brigitte, qui suit :

XIII. — BOMMART-CRAISME.

De ce mariage, 5 enfants :

Alexandre-Jean-Baptiste-Louis.

Antoine-Marie-Alexandre.

César-Auguste, marié à Paix, Flore-Aimée-Marie-Anne.

Philippe-Alexandre-Louis, marié à Dequersonnière, Angélique-Thérèse-Joseph.

Marie-Antoinette-Thérèse, mariée à Potier, Prosper-Agathon-Melchior.

TITRE DU 19 AVRIL 1242

où se trouve le nom de Bommart-Gossuin.

——◄►——

Dans un précis pour les Mayeur et Gens de Loy de la Plaigne Défendeurs, contre les Abbé et Religieux de Château l'Abbaye, ayant pris le fait et cause des cinq grands vicaires de la Cathedralle de Tournay, Demandeurs en révision de l'arrest rendu par la Cour le 3 d'Avril 1705, par lettres levées en chancellerie, le 12 de Mars 1707 ;

On trouve annexé un extrait d'un livre de copies gardé par les cinq grands vicaires de la Cathedralle de Tournay, dont les demandeurs en révision se prévalent au procès.

Cet extrait contient le passage suivant :

Gossinus Bommart vigenti solidos Parisienses annui reditus, suprà unum Bonarium terræ sitæ, ut dicitur au Kenot.

Datum Cameraci sancto sabbatho Paschæ Anno dominici millesimo ducentesimo quadragesimo secundo Mense Aprili.

15   # BOMMARE-VAN BAMBEQUE

BOMMARE *Antoine,* décédé sans enfants, au Château de Winnendalle, en 1492.

(Bibliothèque Royale de Bruxelles, fonds Goethals, Portefeuille 1000, vol. 2, f° 468 à 471).

15   # DE RIKEWART-BOMMARE

Une famille du nom de Rychewaert, à Ypres, portait pour armes :

D'or au chevron de sable, accompagné de trois trèfles de même posés 1 et 2.

(Note de M. de Beauvoorde).

15   BOMMARE-MAERTS

———❧———

Bommare, *Olivier*. greffier du Conseil de l'amirauté
de Flandres, espousa Petronelle *Alaerts* ; avec il acquit
la terre, château et seigneurie de Perboom, en la
Chastelenie d'Ypres.

Il mourut sans hoirs.

(Bibliothèque Royale de Bruxelles ; fonds Goethals).

19 ## BOMMARE-HEULANT

———❖———

BOMMARE *Pierre*, Receveur général de la Comté de Messine, espousa Catherine *Heulant*, et en eut trois filles, qui suivent :

Marguerite BOMMARE, espousa Cornil *Pareels*, et elle mourut sans hoirs, laissant ses biens à ses deux sœurs.

Elisabeth BOMMARE, contracta mariage avec Jean de *Droegeric*, et elle mourut pareillement sans hoirs.

Jeanne BOMMARE succéda à ses deux sœurs, en tous les biens de ses père et mère, et espousa François *de Raedt*, mort sans hoirs.

(Bibliothèque Royale de Bruxelles ; fonds Goethals).

20

DE KERLE-BOMMARE

Un *Gaspard* DE KEERLE quitta Ypres pour aller s'établir en Angleterre lors des troubles religieux.

Il était fils de *Ghislain* et de VAN STENVOORDE.

La famille de Keerle portait pour armes :

D'argent à 3 quilles d'azur 2 et 1.

Extrait d'une généalogie authentique de la Famille de Keerle, sur parchemin, au commencement du XVIIᵉ siècle, certifiée exacte par les Avoués et Echevins d'Ypres, en la possession de M. Merghelynck de Beauvoorde, au Château de Wulveringhem, par Furnes.

20 # BOMMARE-THEVELINS

---&◆◆◆---

Catherine THEVELYN était probablement fille de Jacques Thevelyn et de Catherine de Schildere, fille de Jacques, et Ve de Mathieu Thibault.

Cette famille portait pour armes :

D'argent à 7 étoiles d'azur posées 3, 3 et 1, en pointe soutenu d'or au chef d'azur chargé d'une étoile à six raies accostées de 2 hermines, le tout d'or.

Ces armoiries se trouvent encore sur les clefs de poutre d'une salle de l'ancienne maison Mariaval Thevelyn, rue au beurre, à Ypres.

Recueil de généalogies de Flandre, tome II, pages 446-447, généalogie et description des armes de la famille Thevelyn d'Ypres, par M. de Beauvoorde.

BOMMARE-BOULENGIERS

———◦◦◦◦———

BOMMARE, *Henri*, eut un fils qui épousa Marie *Ricaseis*, dont le fils qui suit :

Henri BOMMARE, seul héritier des biens de ses père et mère, mourut à marier.

Bibliothèque royale de Bruxelles, fonds Goethals.

21

DE KERLE-BOMMARE

———◆◆◆———

Ghislain DE KERLE était fils de Jacques, vivant encore en 1576, et de Albertine Nenemans.

Recueil de généalogies de Flandre. Généalogie de la famille de Kerle, par M. de Beauvoorde.

BOMMARE-BATTUNT

———◆◇◆———

Jacqueline BOLTUNT ou BOTTUNT, et non BATTUNT, était fille de Jacques, issu d'une famille patricienne de la Ville d'Ypres.

Cette famille portait pour armes, d'après une peinture murale encore existante en l'église de St-Pierre à Ypres(Épitaphe de Jean Bottunt, 1598) :

D'argent au chevron de gueules, accompagné de 3 roses d'argent feuillées de sinople, posées 2 et 1.

Note de M. de Beauvoorde.

23   # BOMMARE-BAELDE

———◦⊠◦———

Marie BAELDE, décédée en 1570, était fille de Jacques Baelde, Echevin d'Ypres en 1531, et de Marie Thibault. Cette dernière, fille de Chrétien Thibault, et de Jeanne Kynts, et non de Jossine de Courtewylle.

Leur pierre sépulchrale et leur blason (Schildere) peut-être bien un tryptique avec portraits des donateurs, se trouvaient autrefois en l'église de St-Pierre à Ypres, hors du chœur, dans la nef.

La famille Baelde d'Ypres, portait :

De sable au chevron d'argent, accompagné de 3 *fleurs de lys d'argent,* et non *d'hermine à* 2 *bandes de gueules* qui sont les armes de la branche qui est allée, d'Ypres, s'établir à Gand.

Note de M. de Beauvoorde.

24

BOMMARE-DE BOOM

———•◊◆◊•———

Adrienne DE BOOM, était fille de Jacques de Boom, et de Marie Fraye ; petite-fille de Corneille, et de Marie Van Sweenem.

Les armes anthentiques de cette famille, sont :

D'argent à un arbre de sinople à dextre, contre lequel est rampant un lion de sable.

Extrait d'une généalogie de Boom, écrite
vers 1659.

26 # REULER-BOMMARE

Jeanne BOMMARE, décédée en 1578, épousa le 5 septembre 1557, Mᵉ François *Regnier*, ou *Renier*, et non *Reuler*.

Généalogies de Flandre, tome, II page 476, par M. de Beauvoorde.

26   # BOMMARE-DE NAVIGHEER

———•◊◊•———

Nicolas BOMMARE, Echevin d'Ypres en 1576, mort
en 1581, fils d'Hellin, Echevin d'Ypres en 1563,
décédé en 1567, et de Marie Baelde, décédée en 1570,
épousa le 7 septembre 1567, Anne *de Navigheer*, fille
de Gilles et de Marie Tayspil.

Anne de Navigheer, veuve de Pierre Bommaere, (il
faut lire Nicolas), Seigneur de Ryspoort en Kemmel,
et fille de Gilles Navigheer, Conseiller d'Ypres, en
1562, 63, et de Marie Tayspil, épousa devant le
magistrat d'Ypres, le 15 janvier 1585, et religieuse-
ment à l'église de St-Martin, le 5 février suivant,
Chrétien Mariaval, dit le jeune, fils de Chrétien dit le
vieux, résidant à Ypres, rue de Lille, en 1592, et de
Marie Zannequin.

Chrétien Mariaval, décéda en 1612, ayant été
Conseiller de la ville d'Ypres, en 1585, 87, 88, 91, 95,
98, 1600, 3, 4, 6, 8, 9, 11, 12, Echevin en 1584, 86,
90, 92, 94, 97, 99, 1601, 5, 7, 10. Chef homme des
Bourgeois notables en 1589 ; de la Corporation des
Drapiers, en 1596 ; Membre de la Trésorerie, en 1603,
8, 9. Il était réputé comme riche bourgeois d'Ypres,
et contribua pour une large part à l'érection de l'école
des Orphelins fondée en cette ville, en 1611.

Chretien Mariaval, laissa de son mariage :

Guillaume, Pierre et Jean.

Recueil des généalogies de Flandre, tome II,
pages 349, 472, par M. de Beauvoorde.

Nicolas Bommare n'était pas Seigneur de la Seigneurie de Kemmel proprement dite, mais bien Seigneur de Ryspoort sous Kemmel. Ce fief passa de la famille Bommare en celle de Navigheer de Kemmel.

Le château de Ryspoort, appelé maintenant vulgairement le château de Kemmel, existe encore et était devenu la propriété de M. Robert de Maulde, *ex-matre* de Navigheer, marié à Jeanne de Landreville, fille du Marquis de Landreville d'Amiens ; mais il a été vendu, il y a quelques années, à un propriétaire de Courtrai.

C'est une construction pittoresque élevée vers 1620, probablement par Bommare Van Zutpenne.

Note de M. de Beauvoorde.

BOMMARE–VAN ZUUTPEENE

——⚬⚬⚬——

Ainsi qu'il a été établi dans l'édition de 1878, *Pierre* BOMMARE, écuyer, Sr de Kemmel, fut annobli par le roi d'Espagne, le 3 décembre 1601. Il abandonna alors les anciennes armes de sa famille, et prit depuis, ainsi que ses enfants :

D'argent, au chevron de sable accompagné de trois aniles (ou fers de moulin) de même.

Pierre BOMMARE VAN ZUUTPEENE laissa quatre enfants tous décédés sans postérité, et il y a lieu de remarquer qu'à défaut de descendants directs ses plus proches parents, qui auraient dû lui succéder dans ses biens et titres, étaient, ainsi qu'on peut le voir par le tableau généalogique ci-après, les enfants de ses cousins :

Jacques BOMMART, marié à Marie *Cousart*.

Nicolas BOMMART, marié à Jacqueline *Vilain*.

C'est de ce dernier que descendent directement les Bommart de Douai.

Bommare, *Bauduin.*
Van Der Zickele, Pasquine.

|

Guido.
Rufflaert, Catherine.

|

Pierre.
de Wintere, Léonore.

|

Charles.
Sanders, Aleyede.

|

Robert.
Vande Walle, Marie.

Jean dit Bommart.	*Hellin.*
Willoqueau, Jacqueline.	*Baelde,* Marie.
Nicolas.	*Nicolas.*
Capon, Marie.	*de Navigheer,* Anne.

Jacques.	*Nicolas.*	*Pierre.*
Cousart, Marie.	*Vilain,* Jacqueline.	*Van Zuutpeene,* Marie-Louise.

27

BOMMARE, Pierre

————◆❀◆————

On trouve un *Pierre* BOMMARE, bourgeois d'Ypres, fils de Guillaume, qui épousa à Kemmel, en 1631, Marie *Stopbeen*, bourgeoise d'Ypres, fille de Daniel.

Extrait du Registre à la réception des Bourgeois de la ville d'Ypres.

35   # DE NAVIGHEER, Jean

———◄○►———

Jean DE NAVIGHEER, seigneur de Ryspoort, baptisé le 17 juin 1631, décéda le 21 mai 1697.

Il aurait épousé, suivant les registres de la bourgeoisie d'Ypres, en l'église paroissiale de Notre-Dame de Brielen-lez-Ypres, le 13 Novembre 1669, Catherine *Mesplaux,* sa tante, fille de Guillaume, mort avant 1669.

Elle décéda à Ypres, paroisse de St-Martin, le 29 septembre 1678, et eut les trois enfants suivants, baptisés à l'église St-Martin à Ypres, et morts célibataires :

A. *Gilles,* baptisé le 29 octobre 1674.

B. *François-Jean,* baptisé le 25 novembre 1676, mort le 27 juin 1677.

C. *Marie-Jacqueline*, baptisée le 22 septembre 1678.

Gilles fut seigneur de Ryspoort-en-Kemmel, seigneurie que son père eut à la succession d'Isabelle, alias Elisabeth Bommare, morte à Ypres, fille dévote, le 1er février 1685, fille de Pierre Bommare, seigneur dudit lieu, et de Marie-Louise Van Zutpeene, petite-fille de Nicolas et d'Anne Navigheer.

Après sa mort cette seigneurie passa à son cousin germain, François-Joseph Navigheer, auquel il légua cette propriété.

Gilles NAVIGHEER, fut enterré en l'église du Couvent des Capucins à Ypres où l'on voyait une pierre portant cette inscription :

HIER LIGT BEGRAVEN
D'HEER ENDE MEESTER GILLES NAVIGHEER, D'HEER JANS
ZONE, GEESTELYKEN VADER VAN DEZEN COUVENTE, OVER
LEDEN DEN 21 FEBRUARY 1714.

Recueil de Généalogies de Flandre, tome II, page 353, par M. de Beauvoorde.

39   # BOMMART-SCORION

———✳———

De leur mariage les époux BOMMART-SCORION eurent une fille.

Jacqueline, mariée à *Peteau*, Bon, qui suit :

PETEAU-BOMMART.

BOMMART, *Jacqueline*, née à Tournai. B. P. St-Jean, le 26 avril 1609.

Décédée le 29 Juillet 1646.

Mariée à *Peteau*, Bon.

De ce mariage :

Jacques, marié à *Laignier*, Marie, qui suit :

PETEAU-LAIGNIER.

PETEAU, *Jacques*, B. P. St-Jean-Baptiste de Tournai, le 30 juillet 1635.

Décédé à Tournai le 11 septembre 1681.

Marié à *Laignier*, Marie, née en 1632.

Décédée à Tournai, le 27 septembre 1724.

De ce mariage :

I. PETEAU, *Louis-Joseph*, marié à *de Rasse*, Marie-Catherine, qui suit.

II. PETEAU, *Pierre*, marié à *De Lourme*, Marie-Anne-Thérèse, qui suit.

1re Branche.

PETEAU-DE RASSE.

Peteau, *Louis-Joseph*, B. P. St-Jean-Baptiste de Tournai, le 3 mars 1666.

Décédé à Tournai, le 17 septembre 1744.

Marié à *de Rasse*, Marie-Catherine, B. à St-Jean-Baptiste de Tournai, le 6 décembre 1664, fille de Simon et de Hélène de Bourgies.

> Peteau, *Louis-Joseph*, Juré-Egliseur et Pauvriseur de la Paroisse de St-Jean-Baptiste.

De ce mariage :

I. *Antoine*, marié à *Du Parcq*, Catherine, qui suit.

II. *Simon*, marié à *De Bleau*, Marie-Elisabeth, qui suit.

PETEAU-DU PARCQ.

Peteau, *Antoine*.
Marié à *Du Parcq*, Catherine.

De ce mariage :

Catherine-Joseph, mariée à *Moyard*, François-Augustin, qui suit :

MOYARD-PETEAU.

Peteau, *Catherine-Joseph*, née à Tournay, le 7 mars 1719.

Mariée à Tournai, le 27 janvier 1744, à

Moyard, François-Augustin, né à Tournay, le 4 avril

1725, fils de Jacques-Joseph et de Marie-Augustine Bailly.

MOYARD : *d'or à la fasce d'azur chargée d'une épée d'argent garnie d'or dans le sens de la fasce, accompagnée en pointe d'une tour d'azur.*

De ce mariage :

> *Pélagie*, mariée à *Donner*.

> *Pierre-Charles*, marié à *De La Censerie*, Catherine-Renelde.

PETEAU-DE BLEAU.

PETEAU, *Simon*, B. à St-Jean-Baptiste de Tournai le 12 août 1697.

Marié à Tournay, le 17 juin 1732, à

De Bleau, Marie-Elisabeth, née en 1709, fille de François et de Françoise Moyard.

De ce mariage :

> *Louis-Joseph*, marié à *Capart*, Caroline-Marie, qui suit :

PETEAU-CAPART.

PETEAU, *Louis-Joseph*, né à Tournai, le 5 septembre 1733.

Y décédé le 7 décembre 1815.

Marié en 1759 à

Capart, Caroline-Marie, née en novembre 1732.

Décédée à Tournai, le 24 mai 1816.

De ce mariage :

> *Caroline-Hélène*, née à Tournai en 1761.

> Y décédée célibataire le 21 octobre 1800.

Louis-Amand-Joseph, né à Tournai en 1764.
Y décédé, Prêtre-Chanoine, le 29 juin 1823.

Jacques-Amand-Jos, né à Tournay en 1769.
Y décédé le 9 septembre 1796.

2me BRANCHE.

PETEAU-DE LOURME.

PETEAU, *Pierre*, B. à St-Jean-Baptiste de Tournay, le
29 avril 1668.
Marié à
De Lourme, Marie-Anne-Thérèse, B. même paroisse,
le 25 juin 1672, fille d'André, et de Joachime Poutrin.

De ce mariage :

 I. *Antoine-Joseph* marié à *Wibault*, Marie-Claire-
Joseph, qui suit.

 II. *Adrien-François-Joseph*, marié à *Le Brun*,
Marie-Thérèse, qui suit.

 III. *Marie-Elisabeth*.

PETEAU-WIBAULT.

PETEAU, *Antoine-Joseph*, B. Paroisse St-Jean-Bap-
tiste à Tournai, le 16 janvier 1697.
Décédé à Tournai, le 3 août 1745.
Marié à Froyennes le 22 août 1724, à
Wibault, Marie-Claire-Joseph, née à Froyennes le
13 avril 1703, fille de Jean-Joseph et de Marie-Made-
leine Wille.
Décédée à Tournai le 21 octobre 1778.

WIBAULT : *écartelé au 1er et 4me d'azur, à 2 fasces d'or,
aux 2 et 3 de gueules à deux pals d'or.*

De ce mariage :

Marie-Magdeleine-Joseph, mariée à *Colin*, Joachim-Joseph, qui suit.

Alexandre-Jos.

COLIN-PETEAU.

Peteau, *Marie-Magdeleine-Joseph*, née et baptisée à Tournai le 30 Juin 1725, P. St-Brice.

Y décédée le 28 Août 1805.

Mariée en mars 1755, à

Colin, Joachim-Joseph, B. à Notre-Dame de Tournai, le 22 Juillet 1736, fils de François-Joseph, et de Marie-Michelle-Joseph de Harchies.

Décédé le 18 juin 1816.

De ce mariage :

Marie-Claire-Thérèse-Jos, née à Tournai le 1er février 1756.

Y décédée célibataire, le 5 mai 1817.

Alexandre-Joachim-François-Jos, marié à Criquillon, Anne-Marie-Joseph.

Joachime-Thérèse-Joseph, née à Tournai le 20 Janvier 1763.

Y décédée célibataire, le 8 Janvier 1846.

Aimée-Thérèse-Joseph, née à Tournai le 5 janvier 1765.

Quatre enfants morts en bas âge.

PETEAU-LE BRUN.

Peteau, *Adrien-François-Joseph*.
Marié à *Le Brun*, Marie-Thérèse.

De ce mariage :

Jacques-Joseph, marié à *Blondeau*, Marie-Anne, qui suit.

Catherine-Thérèse-Joseph, mariée à *Havet*, Jean-Baptiste-Charles-Jos, qui suit.

PETEAU-BLONDEAU-COLIN.

Peteau, *Jacques-Joseph*, né à Tournai le 16 octobre 1718.

Marié en 1res noces, à

Blondeau, Marie-Anne.

Et en 2mes noces, le 4 novembre 1748, à

Colin, Marie-Magdeleine-Jos, née à Tournai, le 3 janvier 1732, sœur de Joachim-Jos Colin-Peteau.

De leur mariage les époux Peteau-Colin, eurent 4 enfants.

Jean-Baptiste, *Marie-Joseph*, *Adelaïde-Jos*, *Scholastique-Jos*, tous nés à Tournai.

HAVET-PETEAU.

Peteau, *Catherine-Thérèse-Joseph*, née à Tournai, B. Paroisse Notre-Dame, le 19 juillet 1722.

Y décédée, le 8 mai 1788.

Mariée à Tournai, le 19 mai 1743, à

Havet, Jean-Baptiste-Charles-Jos, né à Tournai le 12 mai 1719, fils de Charles et de Marie-Madeleine Cols.

Y décédé le 22 mars 1793.

Havet, *d'azur à 3 crochets (havets) d'or*.

Les époux HAVET-PETEAU eurent une nombreuse postérité qui se trouve relatée dans les Notices généalogiques tournaisiennes par le Comte du Chastel de la Howardries, tome II, pages 214 et suivantes.

Le fragment généalogique qui précède m'a été très obligeamment communiqué par M. Alphonse-Marie-Barthélemy Joseph Hanon de Louvet, échevin de Nivelles un des descendants de Bommart-Scorion, qui a établi cette branche jusqu'à nos jours.

41   BOMMART-DE FLINES

Nicolas BOMMART était filleul de son frère aîné, et surnommé le Jeune.

Elisabeth BOMMART fut baptisée en l'église St-Nicaise, le 5 may 1585, et elle espousa l'an 1605, le 11 janvier, en ladite église, Nicolas *de Bachy*.

Jacqueline BOMMART nacquit à Tournay, et y fut baptisée le 19 avril 1591, à St-Nicaise.

Marie BOMMART, batisée le 11 octobre 1592.

Jacques BOMMART, batisé le 22 octobre 1595, comme paraît par le registre baptismal de St-Nicaise.

Bibliothèque royale de Bruxelles, fonds Goethals.

BOMMART-CAPON

BOMMART, *Nicolas*, échevin d'Ypres en 1568-1570 et 1577, conseiller du Magistrat de cette ville en 1574, et taxateur du 10me denier en cette même année, épousa à Tournay, en 1567, Marie *Capon*.

Il fut maître chaufournier à Tournay et y mourut paroisse St-Jean le 24 novembre 1623, laissant de son mariage :

I. BOMMART, *Jacques*, auteur de la branche aînée.

II. BOMMART, *Nicolas*, maître chirurgien à Douai, né à Tournai paroisse Ste-Marguerite, le 24 novembre 1588, auteur de la branche cadette, dite de Douai.

Ce Nicolas avait à Tournai un parent nommé Jean Bommart, frère de Martin Bommart, et père de Mathias, Adrien, Etienne, Marguerite, Marie et Hélène Bommart ; la dernière avait épousé Adrien du Pret, laboureur (testament empris à Tournai le 25 janvier 1619).

Notices généalogiques Tournaisiennes par M. le Comte P. A. du Chastel de la Howardries - Neuvireuil, page 267, tome I.

Nicolas Bommart fut un des plus honorables citoyens de Tournay, où il espousa, vers 1567, Marie Capon, et il mourut le 24 novembre 1623 ; gît en l'église Saint-Jean audit Tournay, comme fait foy son épitaphe.

Bibliothèque royale de Bruxelles, fonds Goethals.

43   BOMMART-COUSART

—————※※※—————

L'ESCALIER AUX LIONS.

Une masure de la rue des Récollets se distinguait naguère par des fragments de sculpture témoins de l'ancienne opulence du logis. Les amateurs d'antiquités de la ville ont tous connu sa vieille porte de chêne, ornée de rinceaux enroulés, vigoureusement sculptée dans le style gras, charnu, luxuriant du XVIIe siècle.

A l'intérieur, un escalier digne d'un riche hôtel, menait à quelques chambres louées à de pauvres gens.

Cet escalier monumental a été démoli au commencement de l'année 1882 ; on l'appelait l'escalier aux Lions, à cause des beaux lions sculptés au sommet de chacun des huit massifs montants qui marquaient le départ et les angles de la rampe.

L'escalier lui-même était curieux à cause de son opulente structure, ses marches de deux pouces, ses lions massifs, comme des sommiers, sa main courante de la grosseur d'une poutre, richement moulurée, et ses énormes balustres habilement tournés dans le sens de l'obliquité de la montée.

Cet escalier a été démoli au commencement de l'année 1882, pour faire place à des degrés modestes, en rapport avec les demeures d'ouvriers auxquelles il donne présentement accès. Il a, du reste, été sauvé de la ruine et racheté par M. Henri Desclée.

Au moment où il disparaissait de la demeure dont il indique l'ancienne opulence, il nous a paru intéressant de noter ici cette antiquité. Celles que Tournai possède encore devenant de plus en plus rares.

Les fiers lions dont nous avons parlé, portaient chacun un cartel héraldique ; on y voyait des pièces sculptées, sans émaux, savoir : un arbre, avec une étoile aux deux côtés du tronc. On reconnaît ici les armes de Bommare, qui porte, d'argent à l'arbre de sinople accosté de deux étoiles à six rais de gueule.

Et en effet, les notices généalogiques de M. le Comte du Chastel, nous apprennent que la famille Bommart qui avait, pendant plusieurs générations, habité le quartier de St-Nicaise, ou de Ste-Marguerite vint au XVIIe siècle s'établir à Ste-Catherine.

Jacques Bommart y épousa Marie Cousart et mourut en 1648 ; tous les enfants nés à partir de 1620, furent baptisés dans la paroisse ; eux-mêmes furent enterrés à l'église des Récollets, voisine de la maison qui nous occupe.

Rappelons encore que la corniche de la façade postérieure portait sur des consoles très saillantes, à l'ancienne manière tournaisienne. Elles étaient travaillées avec une richesse particulière, et ornées de têtes d'amour ; il est à regretter qu'elles aient été jetées au vieux bois.

Extrait du bulletin XX, page 193, de la Société historique de Tournai.

44 # BOMMART-DISMAL-CARETTE

Nicolas Bommart, vivant à l'exemple de son père fort honorablement dans la ville de Tournay, où il espousa en premières nopces Hélène *Dismal*, et en deuxièmes nopces, Anne *Carette*, et il mourut le 26 janvier.

Bibliothèque royale de Bruxelles, fonds Goethals.

45 # BOMMART, Marguerite

———◆◆◆———

Marguerite BOMMART, fut religieuse à l'Abbaye de Flines, et testa à Tournai, le 22 mai 1687.

BOMMART, Simon-François

---·×××·---

Suivant acte passé à l'Abbaye de Loz, devant Mᵉ Du Bus, notaire à Lille, le 8 janvier 1686, en présence de Guillaume Laurent, procureur à Tournay :

Simon-François BOMART, fils de feu *Nicolas*, vivant Marchand chaufournier, émancipé pardevant les mayeurs et eschevins de la ville de Tournay, étant alors à l'Abbaye de Loz, disposa de ses biens au profit de *Nicolas*, et *Jacques-François* BOMART, licentié es lois, ses frères, et *Marie-Marguerite* BOMART, sa sœur.

C'est très probablement le *Simon-François* BOMMART, septième enfant de BOMMART-CARETTE, et qui mourut en 1705, chapelain de la ville de Tournay.

47   # MUYSSART-BOMMART

---·✕·---

Le François de Richemont chez lequel *Marguerite* BOMMART demeura pendant sa minorité est, sans doute, son oncle allié, marié à *Jeanne* BOMMART, et repris page 53 de l'édition de 1878.

Marie-Marguerite BOMMART épouse de Nicolas-François Dubois *de Lüy*, nièce et donataire de Marie-Élisabeth Bossut, veuve d'Henry Muyssart, écuyer, déclare donner entre-vifs, une partie de pré, à Allain, à Marie *Thérèse* BOMMART, sa nièce, fille de Jacques-François, émancipé par les mayeurs et échevins de Lille, suivant acte du 5 août 1745.

Acte de 1745 devant Mᵉ Delobel, Louis-Charles.

BOMMART-TERNOIS

Marie-Élisabeth TERNOIS, baptisée P. St-Brice, à Tournay, le 21 août 1661, fille de Guillaume et d'Élisabeth Duwez.

50 # BOMMART-LE FEVERE

———

Jeanne-Thérèse LE FEVERE DE FORREST, née le 25 juillet 1665, fille de Jacques, bachelier en droit, échevin d'Audenarde, et de Marie Bufkens, sa première femme, épousa en 1685, *Jacques-François* BOMMAERT, avocat au Parlement de Douai (Tournai en 1685), grand bailli du pays de Renaix, fils de Nicolas.

Après la mort de son époux, elle alla habiter Tournai, et avait postérité.

Recueil de la noblesse de Bourgogne, Limbourg, par Leroux, Lille 1715, page 201.

LE FEVERE DE FORREST, aujourd'hui Le Fevere de Tenhove, porte :

D'azur au chevron d'argent accompagné de trois fèces de même, cimier une coquille concave d'argent entre un vol de sable.

Jeanne-Thérèse LE FEVERE, née le 15 juillet 1665, épousa, en 1685, *Jacques-François* BOMMART, fils de Nicolas, avocat au Parlement de Douai, grand bailli du pays de Renaix.

Après la mort de son époux, elle alla habiter Tournai. Elle avait postérité.

Extrait du nobiliaire de Gand. par Wanhooreheke, page 37.

On lit à la page 216 du tome 4me de la *Belgique héraldique*, publiée par Charles Poplimont, que *Jeanne-Thérèse* LE FEVERE, née le 15 juillet 1655, fille de Jacques, bachelier ès droits, échevin d'Audenarde, et de Marie Bufkens, épousa en 1685, *Jacques-François* BOMMART, fils de Nicolas, avocat au Parlement de Douai, grand bailli du pays de Renaix.

Cette rédaction amphibologique me porte à croire que c'est plutôt *Jacques-François* BOMMART qui était avocat et grand-bailli, et non *Nicolas* son père. Il ne pouvait pas être avocat au Parlement de Douai qui était Parlement de Tournay en 1685. En réalité, l'époux de demoiselle *Jeanne-Thérèse* LE FEVERE était *Jacques-François* BOMMART, fils de Jean et de Marie-Jeanne Bauduin, qu'on trouve en tête de la page 269 du tome 1er.

Notices généalogiques tournaisiennes, par le Comte
P.-A. du Chastel de la Howardries-Neuvireuil,
tome III, page 728.

Il paraît résulter de ce qui précède que ce serait *Jacques-François* BOMMART, auteur du crayon généalogique de la famille Bommart, qui, à l'âge de 31 ans, aurait épousé Jeanne-Thérèse Le Fèvre.

Sans vouloir contester cette assertion, on peut toutefois s'étonner que Jacques-François Bommart, qui paraissait avoir une assez bonne opinion de lui-même, n'ait pas pris soin de mentionner, dans son travail, d'abord son mariage, et ensuite ses titres d'avocat au Parlement, et de grand-bailli.

On voit, au contraire, (page 50 de la généalogie de 1878) qu'il y est désigné de la manière suivante: *Jacques Bommart second fils n'a jusques'ores aucun*

*employ, quoy que très capable d'en avoir, tant à cause
de son esprit que bonne conduite.*

Il faut alors supposer qu'il avait dressé son crayon
généalogique dans sa jeunesse, avant que *son esprit et
bonne conduite*, lui aient permis de se marier, et de
devenir avocat au Parlement, et grand-bailli.

D'un autre côté on remarque (page 49 de la même
généalogie) que Jeanne-Thérèse Le Febvre, fut mar-
raine, le 21 novembre 1720, de Marie-Thérèse-Joseph
Bommart, fille de Bommart-Plateau, lequel était cousin
dudit Jacques Bommart.

On trouve aussi :

BOMMART, *François-Joseph*, fils de Jacques-François,
grand-bailli du pays de Renaix. et de Catherine-Thérèse
de Walle,

Décédé à Lille, P. St-Pierre, à l'âge de 30 ans, le
23 mai 1745, inhumé dans l'église, T. Nicolas-François
Dubois, directeur des affaires du Roy, et Me Jacques-
François Prevost, prestre et chapelain de l'église
St-Pierre.

50   # BOMMART-DE FELLERIES

DE FELLERIES, *Marie-Jeanne* fut baptisée à Tournay, P. St-Pierre, le 9 avril 1659.

C'est par erreur que *Denis* BOMMART a été indiqué comme ayant eu six enfants, tandis que sa descendance en comprend neuf.

Après le sixième, *François Daniel*, qui mourut à Antoing, le 21 octobre 1727, il y a lieu d'ajouter :

VII. *Jean-François* BOMMART, marié à *Pontville* Catherine qui suit.

VIII. *Marie-Angelique* BOMMART, B. à Antoing, le 13 avril 1695, P. Jean-Antoine Marin, receveur général des États de Hainaut, M. Marie-Antoinette de Richemont, femme de M. de Calonne.

Elle mourut le 30 mai 1777, âgée de 82 ans, étant religieuse de la Congrégation de St-François de Sales. Elle résidait à Antoing, mais elle fut inhumée à St-Martin de Leuze.

IX. *Brigitte-Joseph* BOMMART, B. à Antoing, le 9 septembre 1697, P. Maximilien Cambier, licencié ès-droits, conseiller pensionnaire de la ville de Tournai, M. demoiselle Jeanne-Françoise Bommart. Elle mourut à Antoing, le 17 mars 1758.

Denis Bommart est qualifié écuyer dans les actes de baptême de ses enfants nés à Antoing.

BOMMART-PONTVILLE.

Bommart, *Jean-François*, né vers 1691, décédé à Antoing, le 9 novembre 1751, à l'âge de 60 ans, inhumé le lendemain en l'église St-Pierre, épousa à Antoing, le 18 août 1726, Catherine-Joseph *Pontville*, née à Antoing ; Baptisée le 11 mars 1698, fille de Nicolas et de Marie-Magdeleine Le Moine, demeurant à Péronne-lez-Antoing.

Les époux Bommart-Pontville eurent sept enfants tous baptisés à Antoing.

La descendance de Bommart-Pontville se trouve établie dans les notices généalogiques tournaisiennes publiées en 1881 par M. le Comte P.-A. du Chastel de la Howardries-Neuvireuil, tome I, page 270 et suivantes.

Acte du 31 octobre 1700 devant Mᵉ Jaspard-Lorthioir, notaire à Tournay :

Vente par *Denis* Bommart, marchand chaufournier, et capitaine du serment de St-Michel, en cette ville, et demoiselle Marie-Jeanne *de Felleries*, son épouse, au sieur Pierre-Augustin Mourcou, bancquier, en cette ville, de huit bonniers et demi en diverses pièces, partie étant Flandre et partie Haynaut, situées sous la juridiction d'Antoing.

DE COURTY-BOMMART

Jeanne-Françoise BOMMART épousa à Antoing, le 17 août 1698, Joseph *de Courty*, capitaine au régiment de l'Aigle.

Dans son contrat de mariage passé à Douai, le 14 avril 1698, il est désigné comme étant capitaine d'infanterie, aide-major de la Place de Douai. Il fut ensuite capitaine au régiment de Bourbon.

De ce mariage :

I. DE COURTY, *Denis*, François-Joseph, baptisé à Antoing, le 25 août 1699, P. Denis Bommart, M. Jeanne-Françoise Cambier, veuve de M. de Surmont.

II. DE COURTY, *Pierre-Joseph*, baptisé à Antoing, le 29 janvier 1701, P. Pierre Bauduin, licencié ès-droits et loix, avocat à la Cour du Parlement de Tournai, M. Melle Jeanne-Françoise de Felleries.

III. DE COURTY, *Marie-Jeanne*, baptisée à Antoing, le 30 juillet 1702, P. Jean-Baptiste Baudechon, M. Jeanne-Françoise de Felleries.

51 # LEFRANC DE COSTER-BOMMART

——◆◆◆——

BOMMART, *Louise-Élisabeth,* B. à St-Piat, le 20 novembre 1682, P. Pierre Bauduin, M. Louise de Felery.

Mariée à Antoing, le 8 février 1707, à *Lefranc de
Coster,* Joseph.

Elle mourut à Antoing, le 13 décembre 1709.

54

LE BLOND-BOMMART

BOMMART, *Marie-Agnès*, B. à St-Piat, le 18 avril 1684, P. Jean Bommart, pour Claude Felleries, M. Marie-Agnès Felleries.

Mariée à Antoing, le 4 février 1733, à *Le Blond*, Jean, marchand chaufournier.

Elle mourut à Antoing, après son mari, le 7 septembre 1751.

52   CAMBIER–BOMMART

———◄O►———

Jacques CAMBIER, époux de *Marie* BOMMART, baptisé
à Tournai, P. St-Brice, le 19 décembre 1625, était fils
de honorable homme M⁰ Maximilien Cambier, licencié
ès-loix, juré de Tournai, et de Marie de Villers.

Il devint bailli de Mortagne.

Livre noir du Patriciat Tournaisien, par le
Comte du Chastel de la Howardries-Neuvireuil, page 27.

DE RICHEMONT-BOMMART

François DE RICHEMONT, baptisé à Lille, P. Saint-Étienne, le 27 janvier 1636, fils de Pierre, et de Marie Le Clercq.

On trouve un *François* DE RICHEMONT, fils de feu Jehan, natif de Lille, bourgeois de cette ville par relief, le 11 août 1553.

Par acte devant Mᵉ Jaspart-Hennion du 5 octobre 1673 :

François DE RICHEMONT, bourgeois et marchand, demeurant en la ville de Lille, en Flandre, nomme pour son Procureur au quartier d'Espagne, Antoine Vanlier, archer du corps de Sa Majesté Catholique.

Du 8 mars 1689, devant Mᵉ Leleu Robert :

Acte par DE RICHEMONT, prêtre et chanoine de l'église cathédrale d'Ypres et *Mariane* DE RICHEMONT, fille libre, demeurant à Lille.

54 # BOMMART-VILAIN

———◆◆◆———

BOMMART, *Nicolas*, maître chirurgien, baptisé à Tournai, P. Ste-Marguerite, le 24 novembre 1588, était le second fils de Nicolas Bommart, échevin d'Ypres, mort à Tournai, P. St-Jean, le 24 novembre 1623, et de Marie Capon.

Il épousa à Douai, par contrat du 23 octobre 1614, passé devant les échevins Commelin et Le Roy, Jacqueline *Vilain*; testa le 18 octobre 1650, et ses deux fils, Antoine et Nicolas, déposèrent son testament en halle à Douai, le 14 décembre suivant.

Nicolas fut père de neuf enfants.

> Notices généalogiques tournaisiennes par le Comte P.-A. du Chastel de la Howardries-Neuvireuil, page 272 ; tome I.

Du 23 octobre 1614, contrat de mariage entre *Nicolas* BOMMART, et Jacqueline *Vilain*, pardevant les eschevins de Douay, Comelin et Loys le Roy.

On y lit ce qui suit :

> Comparaissent en leurs personnes Nicolas Bommart, marchand caufournier, demeurant en la ville de Tournay, et Nicolas Bommart, son fils, maître chirurgien, demeurant en cette ville de Douay, assistés et accompagnés de Guilbert Dufeumont, Bourgeois, y demeurant, leur bon ami, d'une part.
>
> Demoiselle Franchoise Le Cocq, veuve de Robert Vilain, aussi bourgeoise, brasseuse, y demeurant, et Jacqueline Vilain, sa fille à marier, qu'elle eût dud : feu son mari, assistées et accompagnées, de

demoiselle Jacqueline Lefebvre, veuve de Jean Le Cocq, pareillement
bourgeoise de lad : ville, mère d'icelle Franchoise, Michel Le Cocq,
aussi bourgeois y demeurant, son frère, de Hugues Delcourt, Jean
Totel, et Jean Lempereur, ses beaux frères, de Jacques Le Cocq, son
grand oncle, de demoiselle Franchoise Follet. veuve de M. Nicolas
Vilain, sa belle-tante, d'autre part.

Testament de *Nicolas* BOMMART, maître chirurgien,
du 18 octobre 1650, reposant au greffe de la commune
de Douay.

Ce testament fut empris par Antoine Bommart,
licencié en médecine, et Nicolas Bommart, ses fils,
exécuteurs y dénommés, en halle à Douay, le 14 décembre 1650. Il parait en résulter qu'à cette époque
Nicolas Bommart n'avait plus que cinq enfants :
Antoine, Nicolas, Dominique, Laurent et Marguerite.

57 ## BOMMART-COMMELIN

————•◦•————

Antoine BOMMART, était licencié en médecine.

Testament de Nicolas Bommart du 18 octobre
1650.

69   BOMMART-TRIGAULT

———✳———

Suivant son testament en date du 25 février 1699,
empris le 18 mars suivant, *Bauduine* TRIGAULT, veuve
de *Nicolas* BOMMART, bourgeois de Douai, maître chirurgien, veut être inhumée à St-Pierre, près de ses
parents, et elle fait divers legs :

à *Ambroise, Nicolas, Honorine* BOMMART, ses enfants,
et aux enfants de feu *Jacques* BOMMART, son fils, vivant,
maître chirurgien, qui seront et représenteront la tête
de leur père, ses enfants et ses petits-enfants ; à *Élisabeth* BOMMART, sa fille, *Marie-Bauduine* BOMMART, fille
de feu Jacques, *Marie-Jacqueline* BOMMART, fille d'Ambroise, et *Marie-Jacqueline* BOMMART, fille de Nicolas,
ses petites-filles.

> Archives de Douai. Registre aux Testaments,
> page 256.

TRIGAULT, *Bauduine*, avait deux sœurs :

I. *Marguerite*, mariée à Fouet, Antoine.

Elle fit son testament le 14 octobre 1665, empris par
sa sœur Jeanne, le 31 décembre 1669.

On voit par ce testament qu'Antoine Fouet avait
fait, à sa femme, une donation de ses biens, le 12 avril
1655, et qu'elle donna vingt-deux rasières de terre
sises à Torquesne et quatre maisons, pour distribuer

tous les mardis deux coupes de blé converties en pain, à douze pauvres ; les parents pauvres préférés.

En l'an X, les personnes qui recevaient le pain de cette fondation, étaient :

La veuve Dourge — Louis Dassise — Louis Bassart — La veuve Ogrez — Jean-François Casier — Xavier Martin.

II. *Jeanne*, mariée à David Trigault, Baron de Violet.

Cette dernière avait une fille nommée Bonne.

Note de M. Bommart, Philippe-Alexandre-Louis.

69   DELEBARRE-BOMMART

BOMMART, *Honorine*, née à Douai, P. St-Pierre, le
5 octobre 1650.

Décédée à Tournay, P. St-Nicaise, le 11 mars 1715.

Mariée, même paroisse, le 21 octobre 1692, à
Delebarre, Nicolas-François.

82

BOMMART-CLICQUET

<hr/>

Jacques-François BOMMART, était le petit-neveu de Jacques Bommart, marié à Marie *Cousart*, et repris page 43 de l'édition de 1878.

Par son testament du 13 juillet 1639, Jean de Lestrée, bourgeois, demeurant en la ville de Douay, donne entre autres biens, à Anne Clicquet, sa nièce, une maison, jardin et héritage où il réside présentement, séante en la rue d'Arras, tenante à l'héritage de la veuve Billau, et à Lebourse, et à la rivière, avec la brasserie et ustensils y servans.

Par acte du 11 mars 1700, devant Mᵉ George Eurard, notaire à Douay :

Demoiselle Anne Clicquet, veuve de Jacques-François Bomard, Mᵉ Romain de le Rue, fils de Mathieu, licencié en médecine, et demoiselle Marie-Antoinette Clicquet, sa femme, demeurant à Douay, icelles du surnom Clicquet, enfants de feu Antoine,

Constituent une rente au profit des demoiselles Marie-Marguerite et Louise-Thérèse Clicquet, leurs sœurs à marier, demeurant audit Douay.

87 ## BOMMART-DESGROUSILLERS

Le contrat de mariage des époux BOMMART-DEGROU-SILLERS fut passé le 3 mars 1711, devant Me Delahaye, notaire à Lille; on y lit ce qui suit :

> Furent présents Philippe-François Bommart, chirurgien; demeurant présentement à Lille, et Marguerite-Françoise Degrousillers, veuve de Henri Mathieu, vivant officier au service de son altesse électorale de Cologne, demeurant présentement à Lille, assistée d'Élisabeth Courtens sa mère : veuve avec un fils, Philippe Mathieu, âgé de 11 ans.

Par acte devant Mes Deroucy et Le Noir, du 8 août 1714 :

Philippe-François BOMMART, bourgeois, demeurant à Douai, et Marguerite-Françoise *Desgrousillers*, sa femme, vendent à *Mathias* BOMMART, leur frère, maître chirurgien en cette ville, et Marie-Angélique *Malherbe*, sa femme, le tiers de cinq coupes de terre à usage de prairie fermée, nommée le Pré du Bray, en une pièce au terroir de Rinbaucourt.

87 ## BOMMART, Philippe-Antoine

———◆◆◆———

Affiche concernant *Philippe-Antoine* Bommart :

DOUAI.

Compte de Curatelle.

Primidi termidor, huit heures du matin, l'An II de la République française une et indivisible, pardevant le citoyen Dunillac, Juge de Paix du canton dit du Nord, en la salle du Tribunal de la Justice, sur la place d'Armes, à Douai, le citoyen Guillemart, curateur judiciairement établi à la succession vacante du citoyen *Philippe-Antoine* Bommart, vivant lieutenant-colonel du second bataillon de la Somme, rendra compte de son administration, et à l'instant il sera procédé à la distribution des deniers restant de ladite Curatelle.

90   BOMMART, PHILIPPE-FRANÇOIS-AIMABLE

————◆◆◆————

La succession de *Philippe-François-Aimable* BOMMART fut liquidée le 31 mai 1814, entre ses héritiers qui étaient :

I. BOMMART, *Philippe-Alexandre-Louis*, maire de Douay.

II. GUILLEMART, *Marie-Louise*, épouse de *Danel* Remy, commis greffier, à la Cour royale de Douai.

III. GUILLEMART, *Jean-François*, receveur.

IV. GUILLEMART, *Cécile*, épouse *Dassonville*.

V. GUILLEMART, *Louis-Joseph*, marchand de vin à Douay.

On a de lui quelques lettres assez curieuses adressées à son cousin, le maire de Douai, pendant ses campagnes, et datées : l'une de Naples, le 29 ventôse an XIV (20 mars 1806), une autre de Vérone en 1807 ; une suivante de Pampelune en 1811.

NOTICE
SUR BOMMART, PHILIPPE-FRANÇOIS-AIMABLE,

Né à Douai, le 30 décembre 1766, fils de Claude-François, marchand brasseur, et de Marguerite Gronier, son épouse.

Soldat au 1er régiment d'infanterie de Picardie, le 1er juin 1783, il obtint son congé de libération, le 1er juin 1791.

Sous-lieutenant le 12 septembre 1792, dans la Légion belge organisée à cette époque, et nommé lieutenant dans le 1er bataillon de chasseurs de Gand, le 26 février 1793, puis capitaine dans le 5e bataillon de tirailleurs belges, le 15 mai suivant; bataillon qui concourut à la formation de la 14e demi-brigade legère, devenue la première le 9 nivôse an IV (30 décembre 1795).

Il servit à l'armée du Nord de 1792 à l'an V.

Le 23 mai 1793, à l'affaire du bois de Raismes, il pénétra le premier dans un retranchement autrichien défendu par une pièce de canon.

Le 26 floréal an II (15 mai 1794) il soutint, près de Tournai, la première attaque des Anglais; reçut un coup de sabre au bras droit, et resta entre les mains de l'ennemi.

Rendu à la liberté le 5 vendémiaire an IV (27 septembre 1795) il alla rejoindre sa demi-brigade (la 14e) avec laquelle il fit les campagnes de Hollande, d'Angleterre et du Danube, de l'an VI à l'an VIII.

Prisonnier de nouveau au combat de Franenfeld, le 6 prairial an VII (25 mai 1799) et rendu par échange, le 21 messidor suivant (9 juillet), il rentra à son régiment devenu le 1er léger.

Le 4 vendémiaire an VIII (26 septembre 1799) à la prise de Zurich, il commandait le bataillon de grenadiers et carabiniers de la réserve qui fit 600 prisonniers russes, dont un grand nombre d'officiers.

A la prise de Feldkirch, le 24 messidor de la même année (13 juillet 1800), il mit en déroute un bataillon autrichien qui occupait une position avantageuse.

Il servit l'année suivante à l'armée des Grisons, et passa successivement en l'an X et en l'an XI, à celles d'Italie et de Naples, où il reçut le 25 prairial an XII (14 juin 1804) la décoration de la Légion d'honneur.

Après avoir fait les guerres de Naples et de Calabre, il devint chef de bataillon, le 3 septembre 1808, et officier de la Légion d'honneur, le 10 mars 1810.

Mis provisoirement à la suite du 60e de ligne, en 1811, il passa au 5e léger, le 28 avril 1812, et fut tué, le 31 juillet 1813, dans un engagement d'avant-garde.

90   BOMMART, Alexandre-François

———◆◇◆———

BOMMART, *Alexandre-François*, était sergent d'artillerie à pied à la 17ᵐᵉ compagnie, dont le dépôt se trouvait à Strasbourg.

Lors de la liquidation de la succession de son frère, *Philippe-François*, on était sans nouvelles de lui, depuis longtemps, bien qu'il n'ait été tué qu'en 1812.

94   # BOMMART, Louis-François-Joseph

———◆◆◆———

BILLET DE PART DE SON DÉCÈS.

Messieurs et Dames,

Vous êtes priés d'assister aux service et funérailles de *Louis-François-Joseph* BOMMART, célibataire, âgé de 74 ans, décédé le samedi 2 nivôse an 12, qui se feront demain lundi, 4 dudit mois, à dix heures précises du matin, en l'église de St-Pierre, sa paroisse, et à son inhumation au lieu ordinaire des sépultures.

L'assemblée en la maison mortuaire, rue St-Jacques.

Un de profundis, s'il vous plaît.

On dira des messes pendant le service et le lendemain, depuis 9 heures jusqu'à 11.

GUILLEMART, pour la famille.

De l'Imprimerie de Carpentier, rue des Chapelets.

93   BOMMART–MALHERBE

———◦◊◦———

Le contrat de mariage des époux BOMMART-MALHERBE, fut passé devant Me Derousy, notaire à Douay, le 18 novembre 1711, on y lit ce qui suit :

> Furent présents Mathias Bommart, fils de feux Jacques, et d'Anne Clicquet, jeune homme à marier, usant de ses droits, et maistre chirurgien en cette ville ; assisté du sieur Hugues Dumortier, son oncle, bourgeois, maistre orphève, en cette ville, d'une part.
>
> Marie-Angélique Malerbe, fille de Jaspard, et de feue Louise Lequient, aussi à marier, et usant de ses droits, accompagnée dudit Jaspard, son père, de Quentin, Pierre-François, et de Jean-Louis Malerbe, ses frères, de Marie-Madeleine, et de Marie-Anne Lequient, ses tantes, tous bourgeois et bourgeoises, dudit Douay, y demeurant, d'autre part.

Partage sous S. S. P. en date du 20 juillet 1725, de la succession de feu Gaspard Malherbe :

Entre François Malherbe, Jean-Louis et Nicolas-Joseph Malherbe, Mathias Bommart, père et tuteur légitime des enfants qu'il a retenus de sa conjonction avec feue Marie-Angélique Malherbe, sa femme, Augustin Hochart, et Marie-Jeanne Carpentier, sa femme, icelle par avant veuve de Quantin Malherbe, et, en cette qualité mère et tutrice légitime des enfants qu'elle a retenus avec icelui.

94 ## BOMMART-DELACROIX

———◆◇◆———

Le contrat de mariage des époux BOMMART-DELACROIX, fut passé devant Me Lequint, notaire à Douai, le 27 novembre 1741, on y lit ce qui suit :

Entre Philippe-Joseph Bommart, maître chirurgien, juré de cette ville de Douay, fils de Mathias, et de feue Marie-Angélique Malherbe, suffisamment âgé, accompagné de Gilles Bommart, son cousin issu de germain, d'une part.

Et Louise-Joseph Delacroix, fille de feu Romain, et d'encore vivante Anne-Joseph Carton, sa mère, accompagnée d'icelle, d'autre part.

Le 22 décembre 1761, Louise-Joseph Delacroix, veuve de Philippe-Joseph Bommart, maître chirurgien, adresse requête, à MM. les Échevins de la ville de Douay, à l'effet d'être autorisée à faire faire l'estimation des meubles et effets délaissés par son mari.

Ignace Ledoux, priseur juré, est désigné pour procéder à cette estimation, du consentement du sieur Théry, tuteur de l'enfant mineur de Me Bommart.

94   BOMMART-CRAISME

— ◆◆◆ —

Bommart, *Philippe-Alexandre-Louis* fut nommé :

Deuxième adjoint au maire de Douai, en remplacement du citoyen Varlet, conseiller de Préfecture, le
13 thermidor an VII de la République une et indivisible (31 août 1800) par Bonaparte, premier consul.

Premier adjoint, en remplacement du citoyen Delval-
Lagache, le 17 pluviôse an X (6 février 1802) par Bonaparte, premier consul.

Adjoint au maire de Douai, le 18 mars 1803, par
Napoléon, empereur des Français.

Maire de Douai, en remplacement du sieur Deforest,
le 21 août 1811, par Napoléon, empereur des Français,
roi d'Italie, protecteur de la Confédération du Rhin
et médiateur de la Confédération suisse.

Il donna sa démission de maire de Douay, en 1815,
pour raison de santé.

LETTRE DU PRÉFET DU DÉPARTEMENT DU NORD
A Monsieur le Sous-Préfet de Douai.

Lille, le 5 janvier 1815.

Monsieur le Sous-Préfet, les motifs allégués par M. Bommart, maire
de Douai, pour obtenir sa retraite, sont trop puissants pour ne pas
être admis. Vous pouvez en conséquence lui annoncer que je vais
demander au Ministre de lui donner un successeur.

Les regrets que vous exprimez de voir M. Bommart dans la nécessité d'abandonner ses fonctions pour cause de santé donnent la mesure
de l'estime qu'il s'est acquise dans sa carrière administrative.

De mon côté, je n'ai eu qu'à me louer du zèle qu'il a apporté pendant son exercice, et j'aurais eu bien du plaisir à vous informer que la demande que j'avais faite pour lui de la décoration de la Légion d'honneur en récompense de ses longs services, avait été accueillie. Mais Son Excellence m'observe que sa Majesté ne lui ayant pas encore demandé de travail sur MM. les Maires qui ont des titres à ses bontés, Elle ne peut, quant à présent, faire valoir les droits de M. Bommart.

Recevez, Monsieur le Sous-Préfet, l'assurance de ma considération distinguée.

Signé : Simeon.

Le 12 mars 1811, il fut nommé membre correspondant de la Société libre des Sciences, Arts, Commerce et Industrie, séant à Valenciennes.

LETTRE DE MM. LES PRÉSIDENT ET SECRÉTAIRE PERPÉTUEL

A Monsieur Bommart a Douai.

Valenciennes, le 15 mars 1811.

Monsieur,

La Société des Sciences, Arts, Commerce et Industrie, nouvellement organisée à Valenciennes, reconnaissant la nécessité de s'adjoindre pour collaborateurs, des savants et des littérateurs d'un mérite distingué, a pensé ne pouvoir mieux faire que de vous associer à ses travaux comme membre correspondant. En conséquence, elle vous a admis à l'unanimité, en cette qualité, dans sa séance du 12 mars 1811. Elle nous charge de vous en instruire et de vous faire passer en même temps le diplôme qui vous est destiné. Nous nous empressons, Monsieur et cher Collègue, de remplir ses intentions, en nous félicitant d'être chargés d'une mission aussi agréable. De son côté, la Société jalouse de s'étayer de vos connaissances et de vos lumières, se flatte que vous la ferez participer aux fruits de vos veilles, et que vous entretiendrez avec elle une correspondance suivie sur les divers sujets que vous croirez devoir l'intéresser ; elle est persuadée d'avance qu'elle n'aura qu'à se louer de votre zèle à cet égard.

Agréez, Monsieur et cher Collègue, avec l'hommage de nos sentiments personnels, l'assurance de notre considération distinguée.

Signé : Barneville, président,
Joseph de Rosny, secrétaire perpétuel.

Je désire sincèrement que ce faible témoignage d'estime et de dévouement soit agréable à M. Bommart.

Signé : Joseph de Rosny.

CRAISME, *Marie-Anne-Brigitte* fut baptisée paroisse
St-Pierre à Douay, le 21 août 1750. P. André-Joseph
Bruno Acar, M. Marie-Anne-Françoise Acar.

Le nom est orthographié Cresme, sur le registre aux
baptèmes.

BILLET DE PART DES MESSES ANNIVERSAIRES

Vous êtes priés d'assister aux Messes Anniversaires qui seront
célébrées en l'église paroissiale de St-Pierre, le lundi 3 mai 1824,
depuis six heures du matin jusqu'à midi, pour le repos de l'âme

de *Dame Marie-Anne-Brigitte*

CRAISME

Décédée le 3 mai 1823, âgée de 72 ans et 9 mois, veuve de
M. Philippe-Alexandre-Louis Bommart, ancien maire de cette ville.

Un de profundis, s'il vous plaît.

Imprimerie de Deregnaucourt, libraire, rue St-Jacques, à Douai.

98   # BOMMART-PAIX

PAIX, *Flore-Aimée-Marie-Anne*, fut baptisée, P. St-Pierre à Douay, le 29 avril 1768, P. Alexandre-Joseph Trescat, M. Isabelle-Françoise Midy, épouse de Fidel-Joseph Paix.

Le contrat de mariage des époux Bommart-Paix, fut passé devant Mes Picart et Allard, notaires à Douay, le 12 frimaire an IV (3 décembre 1795), on y lit ce qui suit :

> Sont comparus le citoyen César-Auguste Bommart, fils majeur du citoyen Philippe-Alexandre-Louis Bommart, gérant des fortifications de Douay, y demeurant, et de la citoyenne Marie-Anne-Brigitte Craisme ; assisté de son dit père, et du citoyen Paul-François Vandenwiele, chirurgien, demeurant audit Douay, son beau grand-père, d'une part.
>
> Et la citoyenne Flore-Aimée-Marie-Anne Paix, fille majeure, demeurant à Douay, du citoyen Dominique-Joseph Paix, négociant, demeurant audit Douay, et de la citoyenne Marie-Anne-Marguerite Lefebvre, assistée de ses dits père et mère, et du citoyen Jacques-Nicolas-Joseph Nepveur, beau-frère de la citoyenne Paix, d'autre part.

106 # DE BAILLIENCOURT-ALLARD

———o<o>o———

De Bailliencourt, dit Courcol, *Paul*, né à Douai, le 9 août 1851.

Marié à Douai, le 18 juin 1878, T. Édouard Allard, propriétaire à Douai, oncle paternel de l'épouse, Georges Allard, substitut du Procureur de la République à Avesnes sur Helpe, Nord, frère germain de l'épouse ; Edmond-Joseph Proyart, notaire à Douai, beau-frère de l'époux, et Gustave de Bailliencourt dit Courcol, receveur particulier des finances à Mortain, Manche, oncle paternel de l'époux, à

Allard, Marguerite-Céline, née à Douai, le 20 septembre 1857, y demeurant rue des Wetz, n° 8, fille de Henri-Louis, propriétaire, et de Girard Céline-Fanny-Marie.

De ce mariage :

I. de Bailliencourt, *Jeanne-Marguerite*, née à Douai, rue des Procureurs, n° 9, (actuellement Léon Gambetta) le 10 mai 1879.

II. de Bailliencourt, *Paul-Henri*, né même maison, le 5 septembre 1880.

III. de Bailliencourt, *Georges-Joseph*, né même maison, le 11 mars 1882.

IV. DE BAILLIENCOURT, *Pierre-Maurice*, né même maison, le 23 novembre 1883.

V. DE BAILLIENCOURT, *Marguerite-Nathalie*, née même maison, le 22 janvier 1886.

107   PROYART-DE BAILLIENCOURT, Thérèse

———✦◆✦———

Suite de la descendance :

II. Proyart, *Joseph-Edmond*, né rue Jean-de-Goüy, 8, le 27 avril 1878.

III. Proyart, *Louis*, né même maison, le 10 janvier 1880.

IV. Proyart, *Edmond-Paul*, né même maison, le 19 novembre 1884.

de Bailliencourt dit Courcol, *Thérèse-Omérine*, décédée à Douai, rue Jean-de-Gouy, 8, le mercredi 22 juillet 1885.

C'est par erreur que dans la généalogie de 1878 elle est désignée comme née le 28 *Octobre* 1853, c'est le 28 *Novembre* qu'il faut lire.

107   # BOMMART-ROUZÉ, Arthur

————◆◇◆————

Suite de la descendance :

IV. Bommart, *Madeleine-Marie-Julie-Andréa*, née le 3 février 1878, à Douai, rue de l'Aiguille.

Rouzé, *Julie-Clémence*, décédée à Douai, rue de l'Aiguille, n° 1, le 16 avril 1878. Inhumée dans le caveau de la famille Bommart.

———

ALLOCUTION

Prononcée le lundi 6 mai 1878, à l'assemblée générale des Dames de la conférence de St-Vincent-de-Paul, par M. le Doyen de Notre-Dame, présidant l'assemblée, à l'occasion de la mort de Madame Arthur Bommart.

Mesdames,

Il semble que nos cœurs devraient être tout entiers à la joie, sous les regards du bon Pasteur : il semble qu'il n'y a point place pour la tristesse et pour les larmes pendant ce beau mois de Marie dont le seul souvenir fait tressaillir les âmes chrétiennes comme le soleil épanouit toutes les fleurs du printemps.

Cependant je viens d'entendre les accents de votre douleur et j'ai vu vos yeux mouillés de larmes. Votre société a ses droits de famille ; la charité rend les cœurs plus sensibles ; ce n'est pas avec indifférence que vous voyez la mort entrer dans la maison du pauvre que vous visitez ; vous ne regardez point sans une vive émotion des petits enfants privés de leur père ou de leur mère. Mais lorsque la mort vient frapper dans vos rangs et plus près de vos cœurs une des ouvrières de la charité, votre douleur grandit et vous pleurez comme une sœur l'épouse, la mère, la femme chrétienne déjà mûre pour le ciel, mais ravie trop tôt aux pauvres, à ses enfants, à son mari, à la société et à l'église.

Une des meilleures consolations des chrétiens n'est-ce pas de s'entretenir de ceux que Dieu a enlevés à leur affection ? Que pourrions-nous faire de mieux que de raconter quelque chose de la vie et de la mort chrétienne de Madame Bommart, née Julie Rouzé, dont vous n'entendrez plus la voix dans vos assemblées ?

Ne cherchons point dans son enfance et dans sa jeunesse des exemples dont sa famille et ses compagnes ont certainement gardé le précieux souvenir.

Ceux qui l'ont connue depuis que Douai était devenu sa patrie adoptive ont pu facilement constater que Dieu avait pris, de bonne heure, possession de cette âme d'élite par l'éducation de famille et par l'éducation si justement estimée d'une maison religieuse qui a préparé tant de mères chrétiennes pour notre diocèse.

Elle avait reçu par là, le don de la foi qui est le fondement de la sainteté commune aussi bien que de la plus haute perfection. De là cette vraie et solide piété qui rehaussait en elle tous les avantages dont la providence l'avait favorisée et qui a été, si je ne me trompe, l'âme de toute sa vie, trop courte, mais bien remplie.

Si, à la fin de son éducation, elle emportait, comme un titre de noblesse, son diplôme d'Enfant de Marie, qu'elle relisait avec bonheur quelques jours avant sa mort ; au lendemain d'une union à laquelle le ciel avait souri, n'avait-elle pas mis toutes ses joies et toutes ses espérances de jeune épouse sous la bénédiction du vicaire de J. C. en allant se prosterner aux pieds de Pie IX.

Cette bénédiction n'a-t-elle point porté ses fruits ?

Je n'essaierai pas de vous dire tout ce qu'il y avait de tendre, de délicat, de réservé, de distingué et de simple à la fois dans ses affections de famille, dans ses amitiés et dans ses relations de société. Quelle paix, quelle harmonie, quelle confiance réciproque entre les époux chrétiens qui, éclairés par la foi, marchent vers le même but, et que l'on voit s'agenouiller ensemble pour prier ou pour recevoir le Dieu qui se donne ici-bas en nourriture et là-haut en récompense à ceux qui l'aiment. Quel amour maternel, vigilant et dévoué, ferme et doux, dans la femme qui va toujours chercher ses inspirations au ciel et dont Marie, la mère par excellence, est le modèle. Ah! Ils n'oublieront pas les leçons et les exemples de leur mère, ces enfants privés trop jeunes encore, de ses soins et de ses tendresses ! Que du sein d'une meilleure vie elle les protège et surtout celui dont elle n'a pas recueilli le premier sourire !

Si j'en avais le temps, je vous montrerais, dans cette douce physionomie, la femme forte de nos Saints Livres, qui travaille de ses mains pour son mari et pour ses enfants, qui dirige avec sagesse ses domestiques et fait briller partout dans sa maison l'ordre et la propreté.

Mais il faut dire un mot de sa vie extérieure.

Les devoirs envers Dieu qu'elle mettait au premier rang, et les sollicitudes de la famille qui étaient d'autant plus vives dans son cœur que sa foi éclairée lui donnait une plus haute idée de ses obligations d'épouse et de mère, n'absorbaient point toute sa vie. Elle savait bien que la femme chrétienne se doit aussi à la grande famille catholique à laquelle nous avons l'honneur d'appartenir, et que le concours de chacun dans l'œuvre commune de la gloire de Dieu et du salut des âmes, doit être en proportion des biens temporels et spirituels, de l'intelligence du cœur, de la fortune, des grâces que l'on a reçues du ciel.

Dès son arrivée en cette ville, elle prenait place dans toutes les associations de piété, de zèle, de charité qui sont autant de foyers d'amour de Dieu et du prochain : associations d'Enfants de Marie et de mères chrétiennes, conférence de St-Vincent-de-Paul, œuvre apostolique, sans parler des œuvres générales pour l'extension du règne de Dieu sur la terre : partout elle apportait avec simplicité et humilité, son action calme, réfléchie, mais généreuse et persévérante.

Vous diriez, mieux que moi, Mesdames, tout ce que son assiduité, son aménité de caractère, sa cordialité ajoutaient à son dévouement pour le bien et vous donnait d'édification.

Je ne sais si vous êtes habituées à son absence, depuis près de deux ans que sa santé la tenait éloignée de vous, mais c'était pour elle une privation de ne plus assister à vos réunions, de ne plus pouvoir remplir ses fonctions de secrétaire, de ne plus visiter ses chers pauvres.

Cependant elle n'oubliait pas ses œuvres ; non seulement elle était de cœur avec vous, mais, je n'en doute pas, elle priait, elle offrait ses souffrances pour l'église et pour la France ; elle charmait et sanctifiait les ennuis de la maladie en travaillant pour les pauvres et pour J.-C.

Je l'ai vue, préparant de ses mains, la chasuble avec laquelle j'offrais pour elle, en votre nom, le Saint-Sacrifice de la Messe, il y a quelques jours.

Cet ornement sacré, dans sa pensée, devait être comme une prière continuelle, qui, par l'intermédiaire de St Joseph et de la Ste Vierge, arriverait jusqu'à Dieu pour obtenir sa guérison, car c'était du ciel bien plus que de la science des hommes qu'elle attendait le retour à la santé.

Si elle ne refuse pas l'emploi des moyens naturels, si elle va, à deux reprises, demander un soulagement au climat et aux eaux minérales du Midi, c'est au sanctuaire de N.-D. de Lourdes qu'elle court avec plus de confiance.

Un moment on put croire qu'elle avait été exaucée. Mais hélas ! le mal qui avait sommeillé jusqu'à la naissance d'un quatrième enfant reprit bientôt tout son empire et l'espérance s'envola au milieu des joies qui entourent d'ordinaire un berceau.

C'est dans la maladie surtout que se révèle une âme profondément chrétienne. N'est-on pas exposé à oublier les bienfaits de Dieu dont on a été comblé jusqu'au jour de l'épreuve ? La perte de la santé n'est-elle pas d'autant plus pénible que l'on a joui plus longtemps des faveurs du Ciel ? L'ennui, le découragement, l'irritation peuvent s'emparer de l'âme ; les douleurs du présent, les prévisions de l'avenir peuvent ébranler la volonté la plus ferme ; l'attachement naturel à la vie, justifié par les affections les plus légitimes, empêche souvent de regarder avec calme et résignation la mort qui s'avance.

Il n'en fut pas ainsi de celle que vous pleurez ! Elle s'abandonnait à la Providence comme l'enfant entre les bras de sa mère. Condamnée à une vie de retraite et presque de silence, elle souffrait certainement d'être privée de ses relations habituelles et des charmes de la conversation, mais on ne l'entendait pas murmurer et se plaindre. Avec quelle reconnaissance envers Dieu elle disait à son mari dans les dernières semaines. « Nous avons eu quinze années de bonheur ! » Dieu lui fit la grâce de pressentir qu'elle n'entendrait pas sur la terre l'Alleluia de Pâques. Cette prévision ne la troublait pas pour elle-même. Tandis que trop souvent on craint d'effrayer les malades en leur proposant de recevoir les sacrements qui sont la force et la consolation des mourants ; là, c'était la tendresse de l'épouse qui s'alarmait de la peine involontaire qu'elle ferait à son mari en demandant l'Extrême-Onction, et si elle ne l'a reçue qu'à la dernière heure, c'est qu'elle attendait le retour d'un de ses enfants, car elle voulait donner à tous les siens ce dernier exemple de courage chrétien.

Plusieurs jours d'avance elle voulait s'assurer l'indulgence plénière à l'article de la mort. Son diplôme d'Enfant de Marie, une supplique signée par Pie IX en 1862 lui garantissaient cette faveur que tout confesseur peut accorder dans notre diocèse. Elle aurait voulu faire une confession générale, quoiqu'elle n'éprouvât aucune inquiétude sur son passé, mais sa foi lui disait qu'il faut être bien pur pour paraître devant celui qui est la sainteté même.

Mais la mort arriva plus vite encore que ne l'annonçaient ses pressentiments. Néanmoins elle eut la consolation, entourée de ses enfants et de tous les siens de recevoir avec l'absolution les Onctions saintes qui préparent au combat suprême, puis la Bénédiction apostolique qu'elle désirait si vivement. Elle entendit encore, en parfaite connaissance, toutes les prières des agonisants auxquelles elle s'unissait par un léger mouvement des lèvres.

La fin était proche : son âme était prête, elle semblait chercher encore son mari et ses enfants ; un sourire illumina sa douce figure, ce fut son dernier adieu.

Si elle n'est pas encore au séjour de la gloire, ne lui refusons pas le secours de nos suffrages et des indulgences que nous pouvons appliquer aux défunts, et gardons avec soin le souvenir de ses vertus. Il vous soutiendra dans les devoirs de la vie chrétienne et dans les œuvres de zèle qui vous prépareront, à vous aussi, la grâce d'une bonne et sainte mort et la récompense du ciel.

Lettre chargée avec les cinq cachets réglementaires, adressée à M. Bommart, Juge au Tribunal de première instance de Douai.

TRIBUNAL

DE PREMIÈRE INSTANCE

de

DOUAI.

PARQUET

du

Procureur de la République.

Douai, le 10 Octobre 1883.

Monsieur Bommart, Juge au Tribunal de première instance de Douai.

J'ai l'honneur de vous informer, suivant dépêche de Monsieur le Procureur général en date d'aujourd'hui, que, par décret de Monsieur le Président de la République, en date du six octobre courant, vous êtes admis à faire valoir vos droits à la retraite, conformément aux dispositions de la loi du trente août mil huit cent quatre-vingt-trois.

Veuillez agréer,

Monsieur,

l'assurance de ma considération la plus distinguée.

Le Procureur de la République,

M. Honnorat.

L'ÉPURATION JUDICIAIRE.

Tribunal de Douai, M. Bommart, Juge.

(Extrait de la *Gazette de Douai* du dimanche, 14 octobre 1883).

« Les gouvernements d'autrefois, ceux qui savaient maintenir haut et ferme la dignité nationale, faire naître et vivre la prospérité publique avec la gloire militaire, voulaient une magistrature qui fût aux yeux de tous une institution respectée. Les familles de chaque province formaient des hommes capables de revêtir la toge du magistrat, il ne fallait pas alors les transplanter. On était magistrat dans son pays natal, parce qu'il

6

semblait que le magistrat devait gagner à être connu de tous les justiciables.

» De cette façon, la magistrature formait un corps admirable où étaient représentées les familles les plus illustres, où brillaient les noms des hommes les plus indépendants. Voilà pourquoi nous avons vu figurer parmi les magistrats du Tribunal de Douai, M. Arthur Bommart.

» M. Bommart porte un nom essentiellement douaisien. Sous l'ancien régime au XVIIe siècle, alors que la liberté était chose plus connue et mieux aimée que sous notre République, un Bommart y défendait les franchises municipales. Ce rôle fut conservé par le bisaïeul de M. Bommart, aujourd'hui juge révoqué, car maire de Douai, sous l'empire et sous la restauration, il fonda les écoles municipales et réorganisa les archives. Le grand-père, le père conservèrent ces traditions ; conseillers municipaux, ils se trouvèrent toujours partout où il y avait du bien à faire, dans toutes les œuvres de charité. Un Bommart, ingénieur des ponts et chaussées, fut député au corps législatif, un Bommart, ingénieur, fut chargé de la direction des chemins de fer du midi.

» Issu d'une famille toujours vouée aux intérêts de la cité douaisienne, M. Bommart eut à cœur de suivre la voie que lui traçaient ses aïeux. Élu conseiller municipal, estimé de tous, il avait en toutes circonstances, fait preuve de générosité. Administrateur de la caisse d'épargne depuis 1860, il en était devenu secrétaire, il en est toujours le véritable soutien ; il était aussi membre de la bibliothèque populaire. En 1870, il ne convoita d'autre place que celle où il fallait apporter du désintéressement. Trésorier d'une société de secours aux blessés dont l'honorable M. Corne était le président, il trouva des ressources incroyables, et, grâce à lui, plusieurs centaines de mille francs vinrent soulager nos soldats.

» Entré dans la magistrature comme juge suppléant près le Tribunal de Douai, il y remplit avec succès les fonctions de ministère public et de juge d'instruction ; le 16 août 1876, il était nommé Juge près le même Tribunal.

» M. Bommart était aussi dévoué à l'œuvre de la Justice qu'aux intérêts de la Cité ; unissant un rare bon sens à une impartialité complète, il possédait toutes les qualités du magistrat. Calme, froid, bienveillant pour tous, serviable toujours, son attitude avait toujours été d'une correction parfaite. Il semblait naturellement désigné pour la présidence, mais il était de la race de ceux qui ne s'inclinent pas. La présidence, il l'eût occupée plus utilement, plus dignement que certain autre. Quel contraste frappant avec le Président que des grandeurs inespérées viennent d'éloigner ! Ce dernier était.........

» M. Bommart, au contraire, par sa distinction personnelle, par sa franchise et sa loyauté, par son intégrité, par la dignité de sa vie, représentait le véritable magistrat.

» Que pouvait-on lui reprocher ? Quelle est la cause de sa révocation ? De cause il n'y en a pas, il déplaisait aux républicains......

» Ah ! oui, il avait le courage de toutes ses actions, il était catholique, il pratiquait avec simplicité comme sans ostentation, et voilà la cause du coup qui le frappe.

» M. Bommart laissera au Palais un souvenir que tous les amis de la Justice n'oublieront pas. Il emporte l'estime de tous, il sera regretté de tous, mais le jour n'est pas loin où le magistrat révoqué sera rappelé. Ce jour-là nous reverrons M. Bommart à la place que ses services et sa disgrâce lui auront méritée. Il sera de ceux qui contribueront à rendre à la Justice son indépendance, au droit sa dignité perdue, quand viendra l'heure où la France redevenue libre, rendra à chacun ce qui lui est dû ».

108   BOMMART, André

———•◆◆•———

BOMMART, *André-Paul-Arthur*, décédé à Douai, rue
du Canteleu, 40, le 11 novembre 1885.

> Bachelier ès lettres, Officier des Haras. Sorti major
> de l'École des Haras, du Pin, fin août 1885.

Lettre adressée à M. Arthur Bommart, à l'occasion
de la mort de son fils André, par M. Maurice Delannay.
directeur de l'École des Haras du Pin.

MINISTÈRE

DE L'AGRICULTURE   Le Pin (Orne)

—————   Le 14 Novembre 1885.

ADMINISTRATION DES HARAS

DÉPÔT D'ÉTALONS DU PIN.

MONSIEUR,

Je ne saurais vous dire à quel point je prends part au terrible malheur
qui vient de vous frapper.

J'avais une réelle affection pour Monsieur votre fils. Il n'était passé, je
crois, à l'École des Haras, aucun élève sur lequel il y eût un accord aussi
unanime d'estime et de sympathie de la part des professeurs. Ce qu'il
était avec nous, il devait l'être également chez vous, et par suite, le coup
qui vous atteint ne doit en être que plus grand.

Je suis l'interprète de tous les habitants du Pin, en vous certifiant que
nous conserverons tous le souvenir de notre ancien élève, en éprouvant
d'amers regrets que le trop cruel destin ne lui ait pas permis de devenir
notre camarade et ami.

Veuillez agréer, Monsieur, avec l'expression de mes sentiments de
très douloureuse sympathie, l'assurance de ma considération la plus
distinguée.

                    (Signé) : Maurice DELANNAY.

113   BOMMART, Maurice

———•◦•———

BOMMART, *Maurice-Théodore-Lucien.*

Avocat, docteur en droit, ancien attaché au Parquet
du Tribunal civil de Lille.

Décédé accidentellement au barrage de Venette, près Compiègne, le vendredi 22 mai 1891, à 10 heures 10 minutes du matin.

Le corps retrouvé sur le territoire de Jaux, fut ramené à Lille, et après un service religieux célébré le mardi 2 juin en l'église de La Madeleine, l'inhumation eut lieu au cimetière du Sud dans le caveau de la famille Adolphe Crepy.

CATASTROPHE DE COMPIÈGNE.

Au cours d'une promenade sur l'Oise, à bord du petit vapeur *Le Ryssel*, une inconcevable imprévoyance du pilote fit chavirer l'embarcation au barrage de Venette. M. et Mme Georges Dubois, Mme Georges Toussin, M. Maurice Bommart, le pilote et le mécanicien trouvèrent la mort dans cette terrible catastrophe. M. Georges Toussin, Mme Adolphe Crepy et Mme Raymond Bommart furent sauvés miraculeusement.

FUNÉRAILLES DE M. MAURICE BOMMART.

« Mardi à onze heures, ont eu lieu en l'église de La Madeleine les funérailles de M. Maurice Bommart, avocat, l'une des victimes de la terrible catastrophe de Compiègne.

» L'église était littéralement comble, impossible de citer des personna-
lités, il faudrait énumérer tout ce qui, à Lille, porte un nom connu dans
la magistrature, le barreau, l'armée, la finance, l'industrie, la politique,
etc. Tout le monde avait tenu, en cette triste circonstance, à rendre un
dernier hommage au défunt, qui comptait chez nous un nombre énorme
d'amis; toutes ces sympathies si vives seront certes pour la famille
Bommart un adoucissement à sa profonde douleur.

» Le service funèbre a été célébré par M. l'Abbé Fremaux, doyen de
La Madeleine, qui a donné ensuite l'absoute.

» L'église avait reçu une décoration funèbre du meilleur goût; le
catafalque disparaissait sous un amoncellement de superbes couronnes,
la plupart en fleurs naturelles; citons tout particulièrement celles de la
Société des courses et de la salle Oudart. On sait que Maurice Bommart
était l'un des fondateurs de la Société des courses, il faisait partie du
comité; quant à la salle Oudart, il en était l'un des meilleurs tireurs
depuis plus de vingt ans.

» Au cimetière du Sud où a eu lieu l'enterrement dans le caveau de la
famille Adolphe Crepy, une affluence énorme d'amis avaient tenu à accom-
pagner Maurice Bommart à sa dernière demeure.

» Cérémonie des plus émouvantes et des plus simples en même temps;
si aucun discours n'a été prononcé, tous les assistants avaient dans le
cœur le souvenir vif et sympathique du pauvre mort si regretté de tous. »

(Extrait du journal *La Dépêche*, n° du jeudi 4 juin 1891).

NOTICE SUR M. MAURICE BOMMART.

« Vous avez tous entendu parler de ce drame épouvantable qui s'est
passé auprès de Compiègne : un bateau de plaisance, conduit par un
marinier qui ne connaissait pas la rivière de l'Oise, filant à toute vapeur
vers un barrage, malgré les signes de détresse qu'on cherche à lui faire
des deux rives, et s'engouffrant avec la plupart de ceux qui le montaient.
Six personnes furent noyées parmi lesquelles, hélas! un des nôtres,
Maurice Bommart de Lille. Excellent élève à la Providence de 1866 à
1870, il avait ensuite poussé ses études de droit jusqu'au doctorat et se
préparait à la magistrature dans les fonctions d'attaché au Parquet de
Lille. Survint l'exécution des décrets. Bommart renonça résolument à un
avenir qui lui était ouvert et à une carrière qui avait toutes ses préfé-
rences. Tous ceux qui le connaissent savent que ce fut pour lui un dur et
méritoire sacrifice et qu'il créa dans sa vie un vide difficilement rempli.
Cette fidélité à ses principes en même temps que sa nature aimable lui
avaient valu beaucoup de sympathies et la consternation fut générale
lorsqu'on sut à Lille le déplorable accident qui lui avait coûté la vie. »

Extrait du 24e compte rendu annuel (1890-1891) de l'association
des anciens élèves de l'École libre de la Providence à Amiens.

143   CREPY-BOMMART

———◦◦◦———

Bommart, *Caroline-Thérèse-Hermance*, née rue de Paris, 92, le 18 mars 1856, T. Alexandre-Théodore Bommart, aïeul, Lucien-Adolphe Rouzé, oncle.

Mariée le 2 mai 1862, T. Alfred-Barthélemy-Ignace-Joseph et Ernest-Eugène Crepy, frères de l'époux, Maurice-Théodore-Lucien Bommart, frère de l'épouse, Lucien-Adolphe Rouzé, oncle de l'épouse, à

Crepy, Adolphe-Jean-Baptiste, manufacturier, né rue de Paris, 212, le 15 novembre 1842, T. Louis Cormont et Louis Chevalier, commis-négociant, fils de Barthélemy-Joseph, et de Sophie-Rose-Louise Dubus.

Décédé rue de Canteleu, 39, le 11 mars 1888, inhumé au cimetière du Sud dans le caveau de famille.

De ce mariage :

Crepy, *Robert-Barthélemy-Ernest*, né rue de Canteleu, 39, le 5 février 1883, T. Théodore Bommart, notaire honoraire, aïeul, Masurel, employé de l'état-civil.

Décédé même maison, le mardi 20 avril 1885, T. Théodore Bommart, notaire honoraire, aïeul maternel, Maurice Bommart, docteur en droit, oncle maternel. Inhumé dans le caveau de famille.

113   BOMMART-GENTIL

BOMMART, *Raymond-Emile-Gérard,* né à Templeuve, le 5 octobre 1860.

Marié le 31 mai 1886, manufacturier, associé de la maison Crepy fils et C^{io}, T. Adolphe-Jean-Baptiste Crepy, manufacturier, frère allié de l'époux. Maurice-Théodore-Lucien Bommart, docteur en droit, frère germain de l'époux ; Fernand-Jules-Achille-Emile-Pierre-Louis Gentil, inspecteur des chemins de fer du Nord, demeurant à Paris, frère germain de l'épouse, et Louis Marie-Gaston Devimeux, avocat, ancien magistrat, demeurant à Douai, frère allié de l'épouse,

à *Gentil,* Sabine-Odile, née à Douai, le 5 mai 1863, demeurant chez sa mère, square Dutilleul, 31, fille de Achille-Henri, décédé Juge au Tribunal civil de Lille, et de Emélie-Angélique-Bonne-Augustine Béharelle.

> BOMMART, *Raymond,* bachelier ès lettres, officier interprète de réserve, pour la langue allemande, attaché à l'état-major général du 1er corps d'armée.

De ce mariage :

I. BOMMART, *Raoul-Edgar-Théodore-Achille,* né le mercredi 13 avril 1887, rue Nationale, 258, P. Adolphe Crepy, oncle, M. Mme Edgar de Baecque, T. Bommart, Théodore-César-Anacharsis, notaire honoraire, aïeul, et Bommart, Maurice-Théodore-Lucien, docteur en droit, oncle.

II. BOMMART, *Claude-Maurice-Raymond*, né le dimanche 16 septembre 1888, même maison, P. Maurice Bommart, oncle, M. Mme Devimeux, tante.

III. BOMMART, *Jacques-Gaston-Philippe*, né même maison, le samedi 4 janvier 1890, P. Me Devimeux, oncle, M. Marthe Crepy, cousine.
Décédé, même maison, le dimanche 28 décembre 1890, inhumé le mercredi 31, au cimetière du Sud.

IV. BOMMART, *Marthe-Louise-Sabine*, née à Loos, rue du Bazinghien, n° 132, le mardi 7 septembre 1892, P. Ernest Crepy, grand-oncle, M. Mme Henry Dommanget, tante maternelle.

113   BOMMART, Émile

———◦✕◦———

BOMMART, *Émile-Eugène-Alexandre,* décédé rue des
Jardins, 17, le samedi 27 mai 1893, inhumé au cimetière du Sud, le mercredi suivant.

Percepteur de Lille, 2me Division.

114 BOMMART-DEQUERSONNIÈRE

———◆◆◆———

Les notes manuscrites, concernant M. Bommart-
Dequersonnière, qui ont servi à établir la généalogie
de 1878, portaient : marié le 19 pluviôse an IX (8 février
1803). Il y a là une erreur ; c'est 8 février 1801 qu'il
faut lire, car c'est à cette dernière date que correspond
le 19 pluviôse An IX.

123   BOMMART-COLIN

———•✦•———

COLIN, *Clarisse-Antoinette-Amélie.*

Décédée en sa propriété du Buet, près Givry (Saône-et-Loire), le 29 août 1891.

Les funérailles eurent lieu en l'église de Dracy-le-Fort, le mercredi 2 septembre ; et l'inhumation au cimetière Montmartre à Paris, le samedi 5 décembre suivant, après un service religieux célébré en l'église Ste-Clotilde.

145   BOMMART-BIARD

<p style="text-align:center">——>><——</p>

BOMMART, *André-Alexandre-Barthélemi*, né à Paris, le 26 août 1855.

Marié à Paris, septième arrondissement, le 14 mars 1892, T. Colin, Claude-Nicolas-Eugène, oncle maternel de l'époux ; Mantion, Hippolyte, ingénieur en chef des Ponts et Chaussées, ancien directeur de la Compagnie des chemins de fer d'Orléans, officier de la Légion d'honneur, ami ; Devillaine, Jean-Louis-Auguste, chevalier de la Légion d'honneur, oncle maternel de l'épouse ; Sainjon, Henry-Pierre, inspecteur général des Ponts et Chaussées en retraite, officier de la Légion d'honneur, ami, à

Biard, Gabrielle-Clémence-Julie, demeurant à Paris, rue de Villersexel, n° 7, née à Orléans, le 18 mars 1867, fille de Gustave Alexis, ingénieur en chef des Ponts et Chaussées, chevalier de la Légion d'honneur, et de Blanchard, Eléonore-Jeanne-Louise.

Le mariage religieux fut célébré à Ste-Clotilde, le mardi 15 mars 1892.

145 BOMMART- HANNOTIN

———∞———

BOMMART, *Georges-Ernest-Eugène*, né à Paris, le 7 décembre 1857.

Marié à Douai, le 6 juin 1892 ; T. Cheysson, Emile, inspecteur général des Ponts et Chaussées, officier de la Légion d'honneur, beau-frère de l'époux, Guérin, colonel-commandant le 27ᵉ d'artillerie, Edmond Limbourg, lieutenant-colonel au 5ᵉ régiment d'artillerie, officier de la Légion d'honneur, oncle de l'épouse, Maxime Pellé, ingénieur au corps des mines, beau-frère de l'épouse, à

Hannotin, Hélène-Elisabeth, demeurant à Douai, rue de l'Université, 30, née à Briey (Meurthe-et-Moselle) le 24 février 1869, fille de Hector-Louis, conseiller à la Cour d'appel de Douai, et de Limbourg, Marthe-Françoise-Clémentine.

BOMMART, *Georges*, capitaine au 15ᵉ régiment d'artillerie.

CHEYSSON-BOMMART

BOMMART, *Marie-Angélique-Antoinette-Elisa*, née à Paris, le 15 décembre 1858.

Mariée à Paris, VIIe arrondissement, le samedi 11 août 1883, témoins Regray, Léon, ingénieur en chef de la Compagnie de l'Est, officier de la Légion d'honneur ; Charles Tranchant, ancien conseiller d'État, officier de la Légion d'honneur, Alfred Picard, président de section du Conseil d'État, Commandeur de la Légion d'honneur, inspecteur général des Ponts et Chaussées ; Paul Bouvard, ingénieur en chef des aciéries du Creusot, chevalier de la Légion d'honneur,

à *Cheysson*, Jean-Jacques-Émile, ingénieur en chef des Ponts et Chaussées, demeurant à Paris, 115, boulevard St-Germain, veuf en premières noces de Bouffard, Zoé, né à Nîmes, le 18 mai 1836, fils de Jean-Jacques-Audazir, ancien juge au Tribunal de Commerce de la Seine, et de Burguier, Zoraïme-Marie.

De ce mariage :

I. CHEYSSON, *Jean-Jacques-Émile-Marie*, né à Paris, 115, boulevard St-Germain, le 19 avril 1885. Décédé, même maison, le 26 février 1890.

II. CHEYSSON, *Pierre-Eugène-Marie*, né même maison, le 14 février 1887.

III. Cheysson, *Jacques-André-Marie*, né même maison, le 7 octobre 1888.

IV. Cheysson, *Jeanne-Geneviève-Georgette-Marie*, née même maison, le 18 mai 1890.

V. Cheysson, *Marthe-Gabrielle-Marie*, née même maison, le 24 avril 1892.

Cheysson, Jean-Jacques-Émile, après de bonnes études littéraires au Lycée de Nîmes, vint les compléter à Paris, au point de vue des mathématiques.

Reçu en 1854 à l'École polytechnique, il en sortit dans les ponts et chaussées en 1856. Nommé ingénieur en 1859, il fit un séjour de quelques années à Reims, sous les ordres de M. Amédée Bommart, son inspecteur général, qu'il avait eu déjà à l'École polytechnique, comme inspecteur des études. Pendant son séjour à Reims, il fit d'importants travaux d'assainissement de cette ville ; le chemin de fer de Reims au camp de Châlons avec des ouvriers tisserands sans emploi (ateliers nationaux) ; la distribution d'eau d'Épernay.

En 1865, il fut attaché, sur la désignation de M. Bommart, à l'exposition universelle de 1867, sous les ordres du Commissaire général M. Frédéric Le Play. Il ne tarda pas à y être nommé directeur du service des machines, puis secrétaire en chef du jury du sixième groupe et remplit, à ces divers titres, les fonctions les plus diverses, y compris celles de chef du contentieux.

Il fut décoré le 1er juillet 1867, lors de la cérémonie de la distribution des récompenses.

Au moment du siège de Paris, comme chef de service des Moulins, il eut à improviser et à faire marcher, au prix de mille difficultés, 350 paires de meules qui ont alimenté la capitale, au jour le jour, pendant les deux derniers mois du siège.

> « Le mérite de cette grande œuvre, lui écrivait le 4 août 1872, le Ministre du Commerce d'alors, M. Magnin, revient à vous seul ; vous avez tout fait avec un talent au-dessus de tout éloge et, grâce à vous, le siège a pu se prolonger deux mois de plus. Sans vous que serais-je devenu ? »

Après le siège, traqué par la Commune, il dut se réfugier à Versailles, où il servit de secrétaire à la Commission chargée d'apurer les comptes de la Commission d'armement (Lecesne). Cette mission terminée il obtint un congé illimité pour entrer au service du Creusot avec le titre de directeur.

C'était une très lourde tâche : 16,000 ouvriers à diriger ; les plus difficiles problèmes techniques, financiers, sociaux à résoudre. Par suite de raisons domestiques de santé, il dut résigner, en 1874, ces hautes fonctions, et rentrer au service de l'État, comme ingénieur de la Seine, à Vernon. En cette qualité, après le projet d'achèvement du barrage de Port-Villez et la réparation de divers autres barrages, il rédigea l'avant-projet d'amélioration de la Seine entre Paris et Rouen sur la base du tirant d'eau de $3^m 20$. C'est ce projet qui a été visé par l'exposé des motifs à l'appui de la loi présentée aux Chambres en 1877 pour ce grand travail d'utilité publique.

Rappelé à Paris et nommé ingénieur en chef en 1877, il fut nommé directeur des cartes et plans au ministère des travaux publics, et il a occupé cette situation jusqu'en 1884. C'est à ce titre qu'il a organisé et dirigé l'album de statistique graphique (publication

7

annuelle), le bulletin de statistique et de législation comparée (publication mensuelle, les 12 premiers volumes), la carte de France au 200,000ᵉ (les 38 premières feuilles), sans compter de nombreuses publications officielles.

Il a été nommé officier de la Légion d'honneur le 11 juillet 1881, et inspecteur général des Ponts et Chaussées, le 21 avril 1890.

Depuis 1883, son activité s'est tournée vers les questions de statistique, d'économie politique, et surtout d'économie sociale, vers lesquelles l'avait entraîné M. Le Play, dont il avait été d'abord le collaborateur, puis l'ami et le disciple.

Professeur d'économie politique à l'école supérieure des mines depuis 1884, et à l'école des sciences politiques depuis 1882, organisateur et membre actif de plusieurs Congrès, l'un des promoteurs et membre du Jury de l'exposition d'économie sociale en 1889, membre et président de plusieurs Sociétés savantes, il a répandu ses idées par la parole et par la plume, et en a réalisé l'application dans un certain nombre d'œuvres pratiques, notamment pour les habitations ouvrières, les sociétés de secours mutuels, les œuvres d'assistance, etc.

Propriétaire d'un important vignoble dans le Beaujolais, il y a organisé avec succès la lutte contre le phylloxera par les insecticides, à l'aide d'un syndicat qui s'est renouvelé tous les ans depuis 1879 et qui a servi de type à la plupart des syndicats analogues.

A raison du rôle qu'il a joué pendant le siège de 1870-1871, il vient d'être nommé par le Ministre de la Guerre, directeur du service des moulins de siège, et des usines frigorifiques du Camp retranché de Paris (1893).

Officier de l'Ordre national de la Légion d'honneur, officier de l'Instruction publique, officier de l'Ordre de François-Joseph (Autriche), Commandeur de l'Ordre des Saints Maurice et Lazare (Italie), Chevalier de l'Ordre de St-Olaf (Suède), Officier de l'Ordre de la Rose (Brésil), Commandeur de l'Ordre du Nicham Iftikhar, 2me classe (Tunisie), Chevalier de l'Ordre de Léopold (Belgique), Chevalier de l'Ordre de Charles III (Espagne), Chevalier de l'Ordre de St-Michel 1re classe (Bavière), Chevalier de l'Ordre du Lion de Zähringen, 1re classe (Bade).

LISTES DES PRINCIPALES COMMISSIONS ET SOCIÉTÉS

DONT M. CHEYSSON FAIT OU A FAIT PARTIE.

Ancien président de la Société de statistique, de la Société d'économie sociale, de la Commission centrale de la Société de Géographie.

Président de la Société des habitations ouvrières de Passy-Auteuil.

Vice-Président de la Société française des habitations à bon marché, de la Société de géographie, de la Ligue nationale de la prévoyance et de la mutualité, de la Ligue populaire pour le repos du dimanche, de la Société d'hygiène et de médecine publique.

Membre de la Société nationale d'agriculture, du Conseil supérieur de l'assistance publique, de la Commission supérieure du phylloxera, du Conseil supérieur de statistique, de la Commission centrale des travaux géographiques, de l'Institut international de statistique, de l'Institut des actuaires, de la Commission de statistique municipale de la ville de Paris, de la Commission de statistique au Ministère de l'Instruction publique, du Conseil de perfectionnement du Conservatoire des arts et métiers, de la Commission extra-parlementaire du cadastre au Ministère des Finances, de la Commission de comptabilité des Sociétés de secours mutuels au Ministère de l'Intérieur, de la Commission de ravitaillement de Paris au Ministère de la Guerre, de nombreuses Commissions techniques au Ministère des Travaux publics, de la Commission centrale de statistique de Belgique, du Conseil de la Société d'encouragement pour l'Industrie nationale, etc.

Ancien membre du Conseil de la Société de Législation comparée.

Membre et organisateur de plusieurs congrès d'économie sociale, membre des Académies de Lyon, de Reims, de Nîmes, de la Société philomathique de Bordeaux, du Jury aux expositions universelles de 1867 et de 1889 à Paris, de 1873 à Vienne, de 1883 à Amsterdam.

2 médailles d'or à l'Exposition universelle de 1873.

Deux fois lauréat de l'Académie des sciences pour le prix Montyon de statistique (1886-1891).

LISTE DES PRINCIPALES PUBLICATIONS DE M. CHEYSSON

PUBLICATIONS PERSONNELLES.

Le pain du siège de Paris. — Compte rendu administratif et financier des opérations effectuées pour la mouture des grains pendant le siège (Imprimerie nationale).

Les budgets comparés de cent familles ouvrières. — En collaboration avec M. Toqué, ouvrage couronné du prix Montyon de statistique par l'Académie des sciences (Baudry).

La monographie d'atelier. — Rapport fait à l'Institut international de statistique au Congrès de Rome, avril 1887.

Les charges fiscales de l'agriculture et les monographies de familles (Guillaumin).

Les méthodes de statistique graphique à l'Exposition universelle de 1878 (Berger-Levrault).

La statistique géométrique. — Méthode pour la solution des problèmes commerciaux et industriels (Le Génie civil).

Histoire d'un tableau statistique. — Conférence au Conservatoire des Arts et Métiers (Revue scientifique).

Les cartogrammes à teintes graduées (Berger-Levrault).

Les moyennes en statistique (Berger-Levrault).

Les méthodes de la statistique. — Conférence à la réunion des officiers (Guillaumin).

La statistique internationale du tonnage des marchandises sur les voies de communication intérieure (Guillaumin).

La machine électrique à recensement (Guillaumin).

L'enseignement de la statistique (Imprimerie nationale).

Le Conseil supérieur de statistique en France (Berger-Levrault).

Rapport sur le prix de statistique Bourdin (Berger-Levrault).

La circulation sur les routes nationales (Berger-Levrault).

L'importance des routes nationales (Berger-Levrault).

La question de la population en France et à l'étranger (J.-B. Baillière).

L'affaiblissement de la natalité française. — Les causes, les remèdes (Guillaumin).

Le recensement des professions. — Rapport au Conseil supérieur de statistique (Imprimerie nationale).

Les lacunes de la statistique et les lois sociales (Guillaumin).

Leçon d'ouverture du cours d'économie politique professé à l'École des sciences politiques (Guillaumin).

Leçon d'ouverture des conférences sur les questions ouvrières à l'École des sciences politiques (Le Génie civil).

Programme du cours d'économie politique professé à l'École des mines (Dunod).

Le salaire au point de vue statistique, économique et social (Bureaux de la Réforme sociale).

Le capital et le travail. — Conférence faite dans la salle de l'Élysée Ménilmontant aux ouvriers de l'usine Piat (Chaix).

Le travail et la manivelle de Sismondi (Réforme sociale).

L'imprévoyance dans les institutions de prévoyance (Guillaumin).

Les ouvriers et les réformes nécessaires (Dentu).

La question des habitations ouvrières en France et à l'Étranger. — La situation actuelle, ses dangers, ses remèdes (Masson).

Les pensions civiles des employés de l'État (Berger-Levrault).

L'assistance rurale et le groupement des communes (Guillaumin).

La Législation internationale du travail (Guillaumin).

L'économie sociale à l'Exposition universelle de 1889 (Guillaumin).

L'assurance des ouvriers contre les accidents (Guillaumin).

L'organisation de l'assurance contre les accidents. — Rapport au Congrès de Paris 1889 (Baudry).

La question de l'assurance contre les accidents en France en 1891. — Rapport au Congrès de Berne 1891 (Baudry).

Le Congrès des accidents de Berne (Baudry).

Les caisses régionales de prévoyance (Guillaumin).

L'internationalisme dans les questions sociales (Guillaumin).

Le foyer coopératif (Masson).

Trois lois récentes sur les habitations ouvrières en Belgique, en Autriche et en Angleterre (Masson).

François Jacqmin (Hachette).

Les institutions patronales à l'Exposition d'économie sociale de 1889. — Rapport au nom du Jury (Imprimerie nationale).

La baisse du taux de l'intérêt et son influence sur les institutions de prévoyauce (Réforme sociale).

La prévention des accidents du travail (Guillaumin).

L'Enquête sur le patronage des libérés en France. — Rapport au Congrès national du patronage de 1893. (Bulletin de la Société générale des prisons.)

L'installation de la galerie des machines en 1867 (Annales des Ponts et Chaussées).

Les irrigations en France et à l'Etranger.

Nombreux articles, rapports, comptes rendus, insérés dans les journaux, revues, dictionnaires, encyclopédies.

PUBLICATIONS OFFICIELLES
DIRIGÉES PAR M. E. CHEYSSON.

Album de statistique graphique du Ministère des travaux publics (publication annuelle depuis 1879, 13 volumes parus).

Album des tarifs de Chemins de fer.

Bulletin mensuel de statistique et de législation comparée du Ministère des travaux publics (installation et direction de la revue de 1880 à 1885, 12 volumes).

Carte de France au 200.000ᵉ *publiée par le Ministère des travaux publics* (mise en train et publication des 38 premières feuilles).

La statistique des cours d'eau, rivières et irrigations. — Départements de la Nièvre, de l'Ariége, de la Haute-Garonne (3 volumes).

Errata du recueil des lignes de base de nivellement (Bourdaloue) (2 volumes 1881-1885).

Le répertoire de Législation des travaux publics. — Routes, navigations et ports (1 volume in-4º).

Manuel des procédés de reproduction mécanique des plans et dessins, etc.

146   # BARACHIN-GIRARD

———◆◆◆———

GIRARD, *Marie-Aménaïde-Armande,* née à Douai, le 5 septembre 1729. Il y a là une faute de composition qui saute aux yeux :

C'est 1829 qu'il faut lire.

146   BARACHIN-REMY

———◦◦◦———

Barachin, *François-Auguste-Armand*, né à Douai, le 20 avril 1849.

Décédé à Douai, rue Victor Hugo, n° 5, le jeudi 19 mai 1892, inhumé le dimanche 22, au cimetière de la Ville.

Marié à Fressies près Cambrai, le 20 février 1889. T. le Colonel Pépin, Amédée Lamarle, cousins du futur, Philippe Remy, propriétaire à Emerchicourt, oncle de la future, Auguste-Charles-Jean-Baptiste Lanvin, fabricant de sucre à Fressain, beau-frère de la future, à

Remy, Augustine, demeurant à Fressies, née en cette commune, le 9 août 1867, fille de Constant Joseph et de Hortense-Marie Monscourt, propriétaires à Fressies.

De ce mariage :

I. Barachin, *Yvonne-Augustine-Armande-Philippine,* née à Douai, rue Victor Hugo 5, le 11 janvier 1891.

II. Barachin, *Armand-Auguste-François*, né même maison, le 20 mars 1892.

150   PEPIN-LAMARLE

Suite des états de service :

Pépin, *Jean-François*, rentra en 1878, au 27ᵉ régiment d'artillerie, et fut nommé, en 1880, lieutenant-colonel, directeur de l'École d'artillerie de Douai ; puis en 1884, colonel, directeur d'artillerie à Douai.

Promu officier de la Légion d'honneur, en 1887, il fut admis à la retraite en 1889, et nommé colonel de réserve.

REGRAY-LAMARLE

———•×•———

Regray, *Léon-Barthélemy*, décédé à Montfermeil, le 16 juillet 1886, inhumé à Paris, au cimetière du Père Lachaise.

Entré à l'École polytechnique en 1852, ingénieur de la ligne du Simplon de 1856 à 1862, ingénieur de la Compagnie de l'Est, chargé de la construction de la ligne de Reims à Metz, de 1863 à 1866, directeur des chemins de fer du Grand Duché de Luxembourg et de Spa, de 1866 à 1872.

Directeur du Grand-Luxembourg-Belge de 1869 à 1872, ingénieur en chef des services du matériel et de la traction de la Compagnie de l'Est, depuis 1872 à sa mort.

Vice-Président de la classe 52 de l'Exposition universelle de 1878.

Regray fut chargé par la Compagnie de l'Est de l'étude spéciale du chauffage des voitures de toutes classes.

Les résultats de ces études viennent d'être publiés (1876) par les soins, et aux frais de la Compagnie. Disons de suite que l'ouvrage de M. Regray méritait cet honneur à tous les points de vue. Il eût été impossible, en effet, de présenter, sous une forme plus méthodique, le résumé de recherches plus consciencieuses. L'auteur a tout vu, tout étudié par lui-même, et c'est de main de maître qu'il expose les avantages et les défauts des systèmes qu'il décrit, etc., etc.

Moniteur Universel, octobre 1876.

Regray organisa, pendant la guerre, dans le Grand-Duché de Luxembourg, le service de rapatriement des officiers et soldats français échappés d'Allemagne et c'est par son concours, comme directeur des lignes belges et luxembourgeoises parallèles à la frontière française, qu'une partie de l'armée du Nord a pu être constituée.

Il organisa aussi et dirigea le ravitaillement de Thionville. Prit ensuite une part active aux négociations de Francfort, et contribua à faire porter à 325 millions l'indemnité due par les Allemands pour le chemin de fer et évaluée par eux à 175 millions ; ce qui diminua d'autant l'indemnité de guerre.

Il créa la rampe mobile en fer pour le déchargement en pleine voie adoptée par le département de la guerre, et participa comme chef de service du matériel et de la traction à toutes les études militaires qui ont été faites sur le réseau de l'Est.

Chevalier de la Légion d'honneur en 1869, officier en 1881.

Chevalier de l'Ordre de Léopold en 1869, officier en 1882.

Chevalier de la Couronne de Chêne en 1868, officier en 1869.

NOTICE NÉCROLOGIQUE

SUR M. L. REGRAY, MEMBRE DU COMITÉ.

(Revue générale des Chemins de fer).

Un de nos collègues du Comité de rédaction de la Revue générale, M. Regray, ingénieur en chef du matériel et de la traction de la Compagnie de l'Est, vient de nous être enlevé prématurément après quatre mois de maladie et de cruelles souffrances.

Dans la force de l'âge, il était appelé à rendre encore de grands services à la Compagnie qui se l'était attaché, et à la Revue générale des chemins de fer dont il était un des fondateurs.

Esprit droit, ouvert, à idées larges et généreuses, M. Regray avait compris les services que la Revue générale, bien dirigée, pouvait rendre au personnel des chemins de fer ; aussi, prêchant d'exemple, il se multipliait pour nous amener des collaborateurs choisis parmi les hommes distingués qui l'entouraient ; et c'est ainsi que nous lui devons, venant de lui, de ses collègues ou des ingénieurs sous ses ordres, un grand nombre d'articles qui ont été très appréciés, non seulement en France, mais à l'étranger.

Ce n'est pas seulement un collègue dévoué, c'est encore un camarade, un ami, que nous perdons en lui. Pendant les huit années que nous avons travaillé ensemble, nous avons été charmés de son bon esprit, de son aménité, et de la cordialité de ses relations.

Toutes ces solides qualités ont été appréciées à leur valeur, par l'Administration et tout le personnel de la Compagnie de l'Est à laquelle il était attaché depuis vingt-trois ans, et nous ne pouvons mieux faire, pour les relever encore, que de reproduire les paroles que son éminent directeur, M. Jacqmin, a prononcées sur sa tombe, le 29 juillet, et que, sur notre demande, il a bien voulu nous envoyer.

LE COMITÉ DE DIRECTION.

DISCOURS PRONONCÉ PAR M. JACQMIN.

MESSIEURS,

Parler devant une tombe entr'ouverte est toujours une chose douloureuse, mais lorsque cette tombe va se fermer sur un homme qui a été votre collaborateur et votre ami pendant de longues années, qui était plus jeune, et de beaucoup plus jeune que vous, croyez que la douleur est bien amère, et pour ma part je la ressens profondément.

Ancien élève de l'École polytechnique, ancien ingénieur du chemin de fer du Valais, Léon Regray nous fut en 1863, il avait alors 30 ans, je ne dirai pas recommandé, les hommes de cette valeur n'ont pas besoin de recommandations, mais désigné par un ingénieur éminent qui l'avait vu à l'œuvre.

Agréé par le Conseil de la Compagnie, il fut chargé d'un service de construction à Ste-Menehould ; il allait être appelé à d'autres travaux, lorsqu'en 1886, le Gouvernement du Grand-Duché de Luxembourg, exprima le désir que la Compagnie de l'Est fût représentée auprès de lui par une seule personne et non par les chefs spéciaux des divers services.

Nous eûmes la pensée que Regray saurait remplir cette tâche difficile. Envoyé à Luxembourg, il y montra de telles qualités que la grande Compagnie du Luxembourg-Belge demanda à la Compagnie de l'Est d'autoriser Regray à résider à Bruxelles et à joindre au service dont il était chargé pour nous, la direction des lignes qu'elle possédait en

Belgique. Le Conseil de l'Est y consentit et Regray eut dans ses mains un ensemble de chemins de fer dont l'importance croissait chaque jour.

Vinrent les années douloureuses de 1870 et 1871 ; Regray sut rendre, non seulement à la Compagnie de l'Est, mais à notre pays si éprouvé, des services dont bien des personnes ont gardé un précieux souvenir.

Le traité de paix nous enleva notre réseau étranger et Regray dut rentrer en France ; un malheur terrible venait d'atteindre un de nos chefs de service dont le nom est resté dans votre mémoire, M. Vuillemin, qui, dans une tournée à Bruxelles, aux côtés même de Regray, fut frappé par une attaque et demeura paralysé.

Bien que les études antérieures de Regray ne l'eussent point désigné pour remplir le poste spécial d'ingénieur en chef du matériel et de la traction, mon prédécesseur, M. Sauvage, ne craignit pas d'affirmer que, par ses rares aptitudes, par sa puissance de travail, Regray saurait acquérir ce qui pouvait lui manquer, et le Conseil de la Compagnie lui confia sans hésiter la succession de Vuillemin.

La tâche à remplir était considérable, la guerre avait laissé notre matériel dans un état pitoyable. Nous avions perdu nos grands ateliers de Metz et de Mulhouse, il fallut développer les ateliers qui nous restaient, en improviser de nouveaux, et reconstituer notre matériel, en tenant compte des transformations incessantes qu'il doit subir pour répondre aux besoins toujours nouveaux de l'exploitation. Sans bruit, sans efforts apparents, mais par un labeur incessant, par des études poursuivies en Angleterre, en Belgique, en Allemagne, Regray sut imprimer à son personnel l'ardeur dont il était animé, et l'œuvre de la reconstitution de notre matériel et de nos ateliers peut être considérée comme achevée. Il n'aura pas eu la joie de voir en pleine activité les grands ateliers de Romilly qui vont présenter réunis les plus beaux spécimens de l'outillage mécanique.

Je ne saurais retracer ici les détails d'une vie qui a été consacrée sans restriction aucune au travail. Je ne dirai qu'un mot de l'amour de Regray pour ce qu'on a appelé les questions sociales. Le Conseil de la Compagnie de l'Est, et permettez-moi d'ajouter, la direction de la Compagnie, ont toujours mis au premier rang de leurs devoirs la recherche et l'étude de toutes les mesures propres à améliorer le sort de tous les agents attachés à notre grand réseau : transformations incessantes des caisses de secours, de prévoyance et de retraite, création d'écoles, de bourses, de cités ouvrières, constitution de sociétés coopératives d'alimentation, etc., etc. ; dans tous ces travaux, Regray a été pour nous un collaborateur infatigable.

Pendant plus de vingt ans j'ai eu avec Regray des relations qui n'ont jamais eu d'interruption. Tant qu'il a résidé à Luxembourg et à Bruxelles, c'est-à-dire pendant plus de six ans, nous échangions une correspondance à peu près journalière ; à Paris, je le voyais plusieurs fois par semaine. J'ai donc été, je puis le dire, un témoin de sa vie, jamais je n'ai eu pour l'étude et la préparation des affaires, un collaborateur plus dévoué, et lorsqu'il fallait passer de l'étude à l'action, un lieutenant plus énergique.

Je l'ai dit en commençant, le voir partir, moi son aîné de treize ans, est une douleur amère, et ce n'est pas sans une profonde émotion que je dis: Adieu cher et brave Regray, ou plutôt, au revoir; et mon âge me permet d'ajouter: à bientôt!

PAROLES PRONONCÉES PAR M. VAN BLARENBERGHE,

PRÉSIDENT DU CONSEIL D'ADMINISTRATION
DE LA COMPAGNIE DES CHEMINS DE FER DE L'EST.

Le Conseil d'administration s'associe de tout cœur aux paroles émues que M. le Directeur vient de prononcer. M. Regray a passé près de 25 ans au service de la Compagnie de l'Est. Il y a rempli des fonctions diverses et toujours il s'est montré à la hauteur des tâches difficiles qu'il avait acceptées.

Doué d'une intelligence très ouverte, d'une grande puissance de travail, et d'une énergie peu commune, il a employé ces facultés supérieures pour le plus grand bien de la Compagnie, avec un zèle et un dévoûment qui ne se sont jamais lassés.

M. Regray était une force pour nous, aussi nous déplorons sa mort prématurée et nous lui conserverons un souvenir affectueux et reconnaissant.

PAROLES

PRONONCÉES PAR M. LE DIRECTEUR DU COLLÈGE SAINTE-BARBE.

Il appartenait aux représentants les plus élevés de la grande Compagnie dans laquelle il tenait une place si importante, de retracer la vie de l'homme éminent dont nous déplorons la perte. Il appartenait à l'un de ses subordonnés, parlant au nom de tous, de rappeler sa bonté qui n'était pas le moindre de ses mérites; ils l'ont fait d'une façon si complète et si touchante que rien ne semble pouvoir être ajouté à ce qu'ils ont dit.

Mais Sainte-Barbe, qui d'abord, a guidé la jeunesse de Regray, qui ensuite a trouvé en lui un appui, a bien, elle aussi, le droit de le réclamer comme l'un des siens. Il a été l'un de ses meilleurs élèves, un de ceux qui lui ont fait le plus d'honneur par ses talents et par son caractère. C'est le barbiste, le camarade, l'ami dévoué que je viens saluer une dernière fois, c'est au nom de notre Conseil d'administration, de notre association amicale, de tous nos maîtres, de tous nos élèves que je viens lui rendre un suprême hommage.

Regray n'était pas seulement un homme d'affaires consommé, un administrateur hors ligne, à ses aptitudes techniques il joignait le goût des études spéculatives, et il aimait à la fois les sciences, les lettres et les arts, tout ce qui ennoblit l'humanité.

Esprit élevé, cœur généreux, il comprenait tout ce qui a trait à l'instruction, à l'éducation de la jeunesse et il se plaisait à étudier pratiquement ces questions d'un si haut intérêt pour l'avenir de notre pays dans le Collège même où il avait été élevé. Avec une simplicité touchante il assistait aux examens de ses jeunes camarades candidats à l'École polytechnique et aux autres écoles ; avec une exactitude exemplaire il prenait part aux délibérations de notre Conseil qu'il éclairait par la lucidité de son jugement, qu'il entraînait par la décision de son caractère. Jusqu'à son dernier jour il est resté fidèle à Sainte-Barbe, Sainte-Barbe restera fidèle à sa mémoire.

Puissent les souvenirs d'affection et d'estime dont je me fais ici l'interprète, puissent les regrets universels, dans lesquels les nôtres viennent se confondre, adoucir, dans la mesure du possible, la douleur d'une famille si cruellement, si prématurément frappée dans ses plus chères affections.

151   # FUNCK BRENTANO-REGRAY

———— ∗✠∗ ————

REGRAY, *Céline-Adélaïde-Anne-Henriette-Alice*, née à Gand, le 24 mars 1862.

Mariée à Paris, IX⁰ arrondissement, le 29 juillet 1885, T. Henri Pigonneau, professeur à la Sorbonne, Alb. Sorel, membre de l'Institut, secrétaire général du Sénat, Amédée Lamarle, le colonel Pépin, à

Funck-Brentano, Frantz, demeurant à Paris, rue de la Barouillère, n° 5, né au château de Munsbach, Grand-Duché de Luxembourg, le 15 juin 1862, fils de Théophile Funck-Brentano, professeur à l'École des sciences politiques, attaché au Cabinet du Ministre des finances, chevalier de la Légion d'honneur, et de Sophie Brentano de La Roche.

> FUNCK-BRENTANO, *Frantz*, archiviste paléographe, sous-bibliothécaire à la bibliothèque de l'Arsenal.

De ce mariage :

I. FUNCK-BRENTANO, *Louise-Sophie*, née à Montfermeil, le lundi 2 août 1886.

II. FUNCK-BRENTANO, *Sophie-Louise*, née à Paris, rue de Passy, 7, le dimanche 8 janvier 1888.

III. FUNCK-BRENTANO, *Théophile-Léon*, né même maison, le mercredi 5 février 1890.

IV. FUNCK-BRENTANO, *André-Théophile*, né à Montfermeil, le mercredi 27 juillet 1892.

152   REGRAY-KRONHEIMER

———·✕·———

REGRAY, *Amédée-Léon-Ernest-Paul*, né à Sainte-Menehould, le 23 juin 1864.

Marié au Havre, le 11 mars 1890, T. Amédée Lamarle, le colonel Pepin, Eugène et Gustave Devot,

à *Kronheimer*, Marguerite-Marie-Henriette, demeurant au Havre, rue du Paradis, n° 2, née en cette ville, le 27 juillet 1863, fille de Ferdinand Veit-Kronheimer et de Françoise-Sophie-Adèle-Marie Mouron.

> REGRAY, *Amédée*, bachelier ès lettres en 1880, ès sciences en 1881. Admis à l'École des mines en 1885. Licencié en droit en 1888. Avocat à la Cour d'appel de Paris.

De ce mariage :

I. REGRAY, *Léon-Ferdinand-Paul*, né à Paris, le 1er août 1891.

II. REGRAY, *Magdelaine-Fanny-Blanche*, née même ville, le 6 juillet 1892.

154   # LAMARLE-COSTE

———◦✕◦———

LAMARLE, *Céline-Angèle-Pauline-Palmyre*, née à la Bourboule-les-Bains, le 4 juin 1881.

LAMARLE, *Marie-Marguerite-Palmyre*, née à Sailly-Saillisel, le 1er janvier 1883.

LAMARLE, *Georges-Amédée-Gustave*, décédé à Paris, rue d'Edimbourg, n° 16, le 25 novembre 1879.

LAMARLE, *Amédée*, ingénieur-directeur de la Bourboule.

154   LAMARLE-BIENFAIT

———◆◆◆———

LAMARLE, *Paul-Ernest-Félix*, né à Gand, le 17 avril
1850.

Marié à Grenoble, le 26 décembre 1876, T. Rostaing, O. Rostaing, A. Pelloux, A. Berthier, à

Bienfait, Juliette.

> LAMARLE, *Félix*, qui était, en 1877, contrôleur des
> contributions directes à La Mure (Isère), passa en
> cette qualité à Blois, en 1880, et fut nommé, le
> 2 mars 1891, contrôleur principal à Quimper-Corentin.

166   # HAMON DE LATHEBEAUDIÈRE-LEJEUNE

———⋄⋈⋄———

Hamon de Lathebeaudière, *Adolphe-Charles,* décédé
à Nantes, rue Mellier, n° 9, le 8 mai 1885.

166   # ROY DE LATHEBEAUDIÈRE

De leur mariage, les époux ROY DE LATHEBEAUDIÈRE, eurent :

I. ROY, *Marie-Antoinette*, née à Nantes, rue Cambronne, 2, le 25 juin 1878.

II. ROY, *Joseph*, né même maison, le 24 septembre 1879.

III. ROY, *Marie-Madeleine*, née même maison, le 24 mai 1881.

IV. ROY, *Marie-Thérèse*, née rue Mellier, n° 11, le 6 juillet 1883.

V. ROY, *Alain*, né même maison, le 19 septembre 1886.

C'est par erreur que, dans la généalogie de 1878, la mère de M. Marcel Roy a été dénommée Lucie Mathieu ; c'est Lucie Massion qu'il faut lire.

167   # PALAND-LEJEUNE

———— ✕ ————

PALAND, *Martial.*

> Receveur principal des postes en retraite, Chevalier
> de la Légion d'honneur en 1880.

167   # LEJEUNE–ANTONIA

Lᴇᴊᴇᴜɴᴇ, *Antonia-Emeline-Cécile*, décédée à Toulouse, le lundi 9 février 1880.

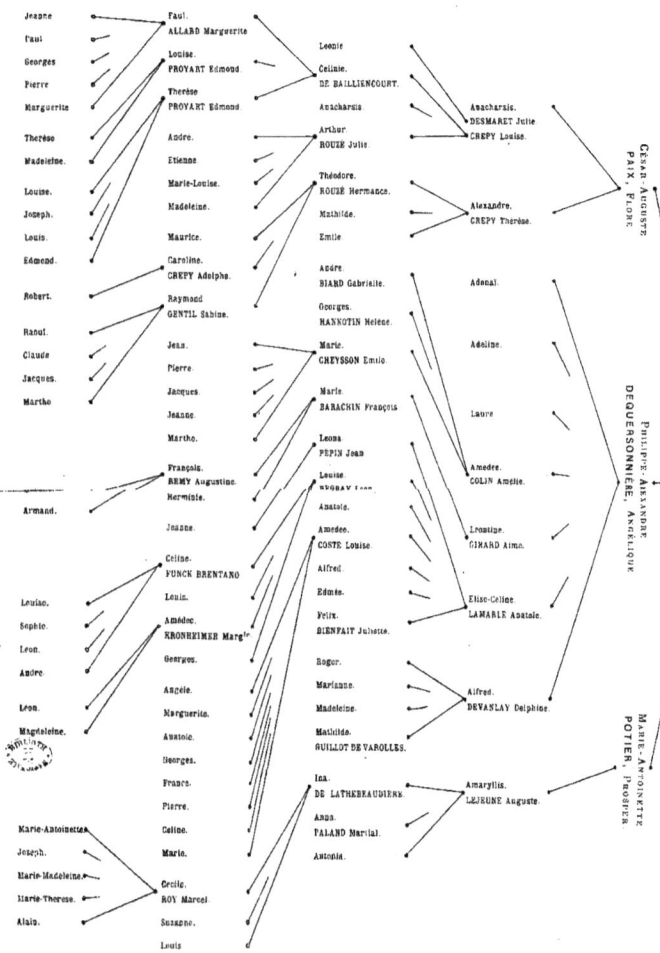

Jeanne
Paul
Georges
Pierre
Marguerite
Thérèse
Madeleine.
Louise.
Joseph.
Louis.
Edmond.
Robert.
Raoul.
Claude
Jacques.
Martho

Armand.

Louise.
Sophie.
Léon.
André.

Léon.
Magdeleine.

Marie-Antoinette.
Joseph.
Marie-Madeleine.
Marie-Thérèse.
Alais.

Paul.
ALLARD Marguerite
Louise.
PROYART Edmond
Thérèse
PROYART Edmond
André.
Etienne
Marie-Louise.
Madeleine.
Maurice.
Caroline.
CREPY Adolphe.
Raymond
GENTIL Sabine.
Jean.
Pierre
Jacques
Jeanne
Martho.
François.
REMY Augustine.
Herminie.
Jeanne
Céline.
FUNCK BRENTANO
Lonin.
Amédée.
KRONHEIMER Marg¹⁰
Georges.
Angèle.
Marguerite.
Anatole.
Georges.
Franck.
Pierre.
Céline.
Marie.
Cécile.
ROY Marcel.
Suzanne.
Louis

Leonie
Celinie.
DE BAILLIENCOURT.
Anacharsis
Arthur
ROUZÉ Julie
Théodore.
ROUZÉ Hermance.
Mathilde.
Emile
André
BIARD Gabrielle.
Georges.
MANNOTIN Hélène.
Marie.
CHEYSSON Emile.
Marie
BARACHIN François
Leona
PEPIN Jean
Louise
Anatole.
Amédée.
COSTE Louise.
Alfred
Edmée.
Félix.
BIENFAIT Juliette.
Roger.
Marianne.
Madeleine.
Mathilde.
GUILLOT DE VAROLLES.
Ina.
DE LATHEBEAUDIERE.
Anna
FALAND Martial.
Antonia.

Anacharsis.
DESMARET Julie
CREPY Louise.
Alexandre.
CREPY Thérèse.
Adenal.
Adeline.
Laure
Amédée.
COLIN Amélie.
Léontine
GIRARD Aimo.
Elise-Céline.
LAMARLE Anatole.
Alfred.
DEVANLAY Delphine.
Amaryllis.
LEJEUNE Auguste.

CÉSAR-AUGUSTE PAIX, FLORE

PHILIPPE-ALEXANDRE DEQUEASONNIERE, ANGÉLIQUE

MARIE-ANTOINETTE POTIER, Prosper

BOMMART, Philippe-Alexandre-Louis
CRAISME, Marie-Anne-Brigitte

TABLE.

———

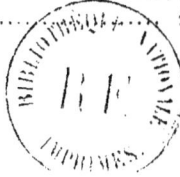

www.ingramcontent.com/pod-product-compliance
Lightning Source LLC
Chambersburg PA
CBHW052210270326
41931CB00011B/2297